超実践 誰でも理想の体になれる!

美ボディメイク

How to make a perfect body

パーソナルジム
リメイク代表
石本哲郎

彩図社

22回の増減と一般女性数百人の指導から究極のボディメイク法を確立！

巷にはダイエット情報があふれています。女性誌には必ずと言っていいほどダイエット特集があるし、書店に行けば流行りのダイエット本が平積みされています。なぜ、これほどダイエットは人々の関心を集めるのでしょうか。それは、ダイエットに失敗したり、リバウンドしたりする方が多いからです。

私は減量指導のプロフェッショナルとして、多くの女性の体づくりを指導し、成功へと導いてきました。

特に、**一般女性への指導経験は誰にも負けない自信があります。**

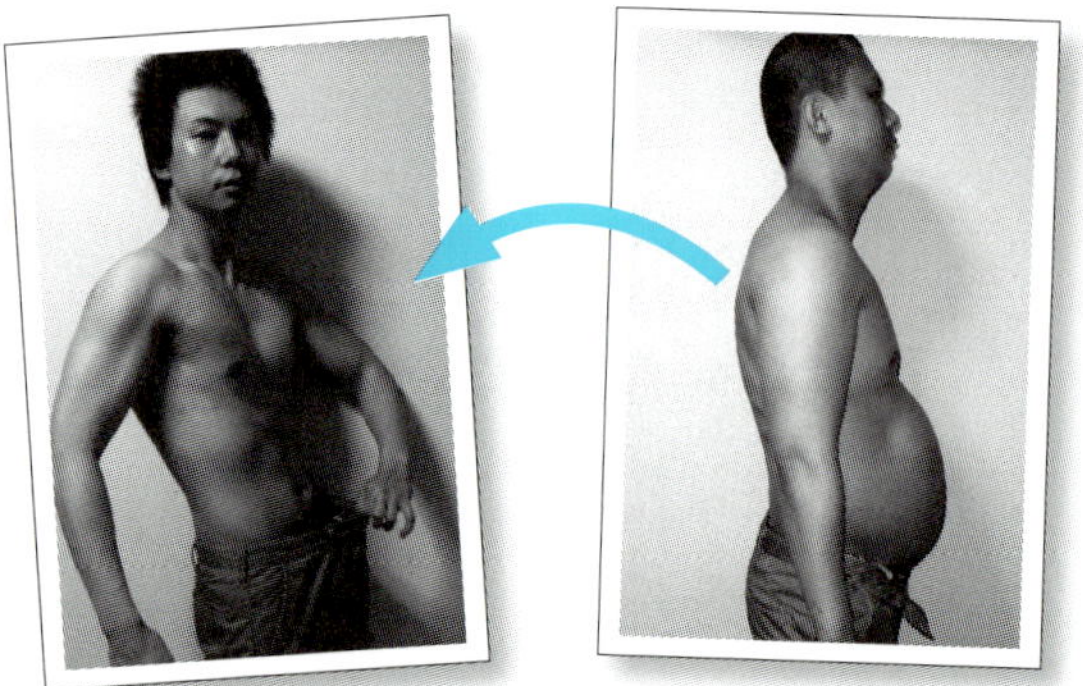

【実験14回目】4カ月 -25kg
月替わりで、有酸素運動なしで-10kg、マクドナルドだけ食べて-5kg、コンビニ商品だけ食べて-5kg、麺類だけ食べて-5kgを達成

以前はモデルさんの指導もしていましたが、彼女たちは仕事なのでモチベーションが高く、もともとの体型にも恵まれているので、正直指導者としてボディメイクはカンタン。失敗したことがありません。

一方、一般女性の場合、どのジムに行っても痩せない、リバウンドしてしまう、そもそも、何から始めればいいのかわからない……、こういう方は少なくありません。

そんな方々もひとりひとり指導データを取り、食生活のアドバイスを行いながら減量成功へと導いてきました。

ダイエットは、継続することも大切。しかし、一般女性は、モチベーションを保つことが容易ではありません。

そこで、どんなときにダイエットに挫折するのか、彼女たちの気持ちを知るために、**自分でわざと太ってから痩せる「減量」の実験を行うことにしました。その回数は、22回。**

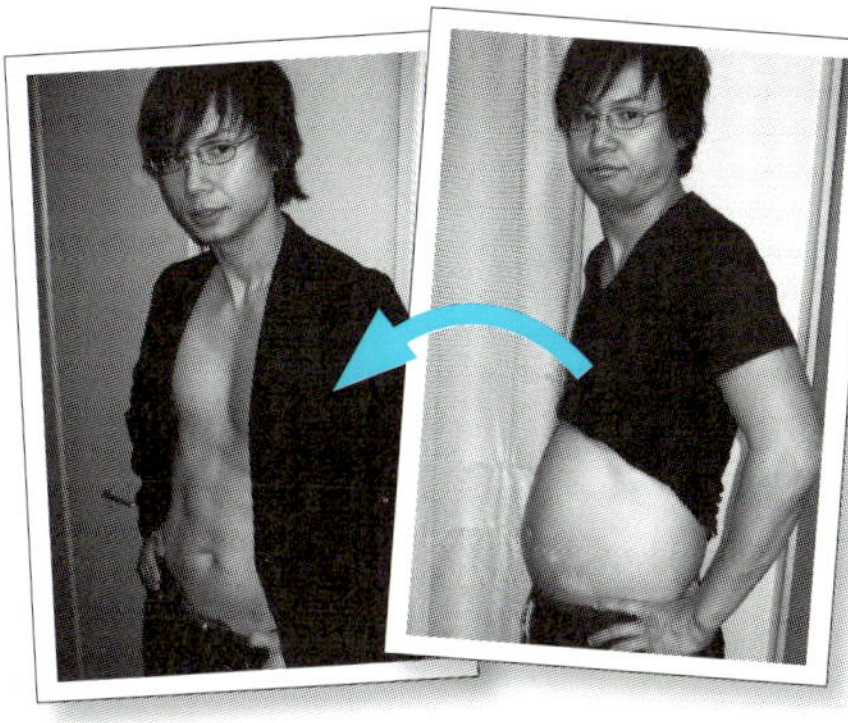

【実験11回目】２週間 -8.2kg
２週間で８kg太って２週間で8.2kg減量

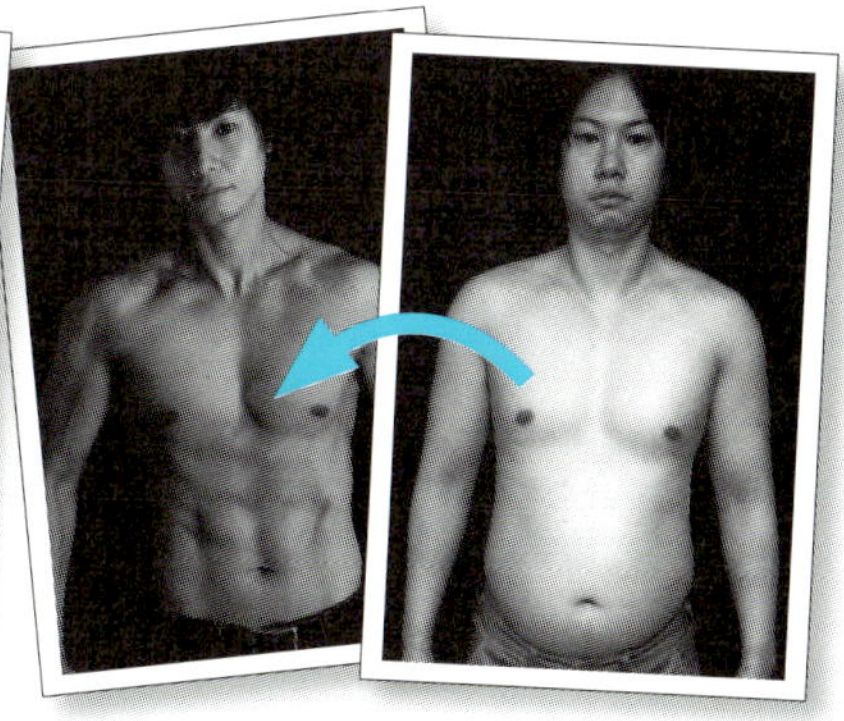

【実験20回目】3カ月 -13.7kg
正統派、筋トレと食事管理でしっかり減量

そして、難易度が低く、継続しやすいボディメイク法を確立することができました。

実は、体重を落とすだけならとてもカンタンです。摂取カロリーと消費カロリー、水分量をコントロールすれば誰でも痩せます。

しかし、無理なダイエットをすると、肌がカサカサになったり、皮膚がたるんだり、いつも疲れたような印象になりやすくなります。カンタンに言うと、老けます。

そこで大事なのが、筋トレと食事管理です！

ただし、正直、**一般女性が行っている筋トレ方法の9割は間違っている**と考えます。効率が悪かったり、女性が鍛えるべきではない筋肉を刺激してしまっていたり、そもそも「筋トレ」ですらなかったりするやり方が多すぎます。

間違った筋トレを行うと、全体的には痩せても、ふくらはぎや太もも、腕がムキムキになる可能性があります。いくら体重が落ちても、老けたように見えたり、変なところに筋肉がつくのは嫌ですよね。

そこで本書では、私が何百人もの一般女性を指導して導き出した、美しく痩せるためのメソッドを紹介していきたいと思います。

本書通りに筋トレを行い、食事を見直せば、必ず「自分史上最高のあなた」になれます。

スラッと華奢だけれど筋肉もある、週に１、２度暴飲暴食しても太らない体だけでなく、美肌もモノにして自信を持ち、楽しい人生を送りましょう！

運動経験がない方でも、
どうしてもチョコレートが止められない方でも、
理想の体になれます！

間違いダイエット
case 1

ジョギングや半身浴だけ頑張っていませんか？

ジョギングや半身浴をして汗をたくさんかくと、瘦せたような気持ちになるかもしれません。実際に、体重も落ちるかもしれませんが、ちょっと待って。減らしたのは筋肉と水分だけで、実は脂肪はそのまま。2～3キロは落ちたとしても、それ以上瘦せないばかりか、有酸素運動のやりすぎで代謝が落ちる可能性も。

基本的に私の指導では、**ジョギングを推奨していません**。ボディメイクの観点からすると、効率が悪いからです。さらに、ジョギングをするとふくらはぎや太ももが太くなる女性も少なくありません。ジョギングをして細くなった、という方もいるかもしれませんが、それは体脂肪が落ちてむくみが減っただけでしょう。

では、キレイに瘦せるためにはどうすればいいのでしょうか。

答えは、筋トレをすること！　**正しい筋トレをして、つけたい場所に筋肉をつければ、女性らしい華奢なボディラインが手に入りますし、多少食べ過ぎてもリバウンドしません**。

なんとなく走っても、脚は細くなりません。サウナに行って汗をかいても、体脂肪は減りません。本書を読んで計画的にボディメイクすれば、スラリとしたモデル体型になるのも夢ではありませんよ♪

間違いダイエット case 2

サラダとササミ信者になっていませんか？

体重は
落ちてきたけど…
ちょっと飽きたな～
2週間後
サラダにササミで
超ヘルシー！
絶対やせちゃう♡
やっぱり
ダイエット
といえば
ササミよね！
ササミ
サラダパック
白髪が増えて
肌も髪も
パサパサ…
1ヶ月後
タンパク質
ばかりじゃダメ！
女性の場合、タンパク質
以外にも大事な
栄養があります。

コンビニなどで売られているささみスモークは、35グラムで約37キロカロリーと低く、たんぱく質は8・3グラムも摂れるので、ダイエットに向いている食材です。

しかし、**ささみや野菜ばかり食べていると肌から潤いがなくなってしまいます**。よく、肌やツメの素材になるからといってたんぱく質ばかりを摂取している方がいますが、これは間違い。脂質を摂ることも重要なのです。キレイにボディメイクをするためには、たんぱく質、良質な脂質、糖質をバランスよく摂りながら筋トレをすることが大切です。

脂質は脂なので女性は敬遠しがちですが、ダイエット中こそ脂質を摂らないと、生理が止まったり、便秘になったりします。

美容にいい食材についてはP153から詳しく説明しますが、**良質な脂質・たんぱく質を含むサバや卵などを意識的に食べて、最強の美肌&美ボディを手に入れてくださいね**。

また、たんぱく質ばかり頑張って摂っていると腸内環境が悪くなり体臭が気になったり、肌荒れにつながることがあります。お腹の調子を整えるためには、納豆、キムチ、ヨーグルトなどの発酵食品を食べ、食物繊維をしっかり摂りましょう。

モデルと同じダイエットで痩せると思っていませんか？

「モデルの〇〇ちゃんが、10キロ痩せたダイエットをやってみよう♪」

と、真似する女性がいます。

大事なことを言います。あなたは、モデルの〇〇ちゃんとは違う人間です。モデルさんが痩せたからといって、同じダイエットをして同じように痩せるとは限りません。

モデルさんは平均的な女性よりも高身長な方が多いと思いますが、同じ体重で比べた場合、身長が高ければ高いほど基礎代謝も高い傾向があります。つまり、**モデルさんのダイエットは難易度が低いのです。**

さらに、身長が高い方の場合は、筋肉がつきすぎてもスタイルが悪く見えづらいという特徴もあります。身長150センチの方が170センチの方と同じトレーニングをすると、やたら筋肉ムキムキに見えやすくなる傾向があります。

大切なのは、「これを行ったら99%の人が理想の体になれた」という再現性。

世の中には栄養学や解剖学の観点から見ると理論が破綻しているダイエットが多すぎます。モデルさんの真似ではなく科学的根拠のあるやり方を用いた方が賢明です。

空腹で筋トレや運動をしていませんか？

筋トレをすると、脳の底部にある脳下垂体という部分から成長ホルモンが分泌され、血流に乗って全身に回ります。このホルモンは筋肉の合成や細胞の酸化を防ぐなど、体づくりに欠かせません。

そればかりでなく、脂質の代謝を高めたり、骨密度を上げたり、免疫力を高める効果もあり、**細胞レベルでの若返りが期待できます**。

ただし、このホルモンを分泌させるためには、強度の高い運動をする必要があります。そのためには、筋トレ前にしっかりと糖質を摂り、力を蓄える必要があります。

この女性のように**お腹が空いたままトレーニングをしてしまうと、力が出ないので、筋肉はつかず、成長ホルモンも分泌されずもったいなさすぎです！**

「もっと痩せたい！　だから何も食べずに筋トレやっちゃおう！」と思ってトレーニングを始めても、少しの時間なら耐えることができても結局バテバテになって途中で止めてしまう、という事態になります。

筋トレ2時間前におにぎりをひとつ食べるだけで効果は変わってきますよ。

Contents

Part.3

Part.4
筋トレ効果を劇的に上げる食事の仕方……103

Part.5
サプリメントを上手に取り入れよう……127

Part. 1

美ボディをつくるなら筋トレが1番！

Body Make

有酸素運動では理想の体は手に入らない

ダイエットを目的にジョギングをする方がますます増えています。

しかし、残念ながらジョギングなどの有酸素運動だけではキレイに痩せることは難しい……というのが現実です。

確かに、消費カロリーが摂取カロリーよりも上回れば、体重は落ちます。

ですが、有酸素運動だけで痩せると、リバウンドしやすい体になってしまいます。筋肉が減る可能性も高く、代謝が落ちてしまうからです。体重が減った割には体脂肪率が減っていないので、お尻は垂れたまま、顔もぽっちゃりしたままになってしまいます。

また、有酸素運動の代表格である「走る」という行為はふくらはぎを太くさせる可能性があります。筋トレが必要な他の筋肉と違い、ふくらはぎは有酸素運動のような弱い刺激でも太くなりやすいからです。

筋肉を増やすためには、強度の高い刺激、つまり、筋トレが欠かせません。

適切な筋トレで好きな場所だけに筋肉をつけ、体脂肪を狙い撃ちで落とし、有酸素運動はプラスアルファで行うようにしましょう。

一生太らない体を手に入れたい。

体重が落ちるだけでなく、今よりも美しいボディライン、キレイな肌を手に入れたい。

これを叶えるのは、有酸素運動ではなく筋トレです。

Body Make

筋トレをすれば細胞から若返る！

筋肉をつけることで代謝が上がり太りにくくなるだけでなく、負荷の高いトレーニングをすることで**アンチエイジング効果のある成長ホルモンがドバドバと分泌される**ので、お肌はプルプルと弾力を持ち、髪や爪は美しくツヤを放ちます。

さらに筋肉がついたことで姿勢がよくなるため、凛としたオーラが生まれます。

一方、筋トレ効果を高めるためには食事も大切です。

摂るべき栄養を摂らずに激しい筋トレをしようとしても、パフォーマンスが出ませんし、筋トレ後は一時的に免疫機能が低下するため風邪をひきやすくなってしまいます。

せっかくつらい運動をするのに、効果が半減してはもったいないですよね。正しい知識を持ち、筋トレと食事の改善を並行して行えば、誰でも自分史上最高の美しい体を手に入れることができるのです。

筋トレ ＝ 代謝UP!

×

食事 ＝ 栄養バランスが整う

▼

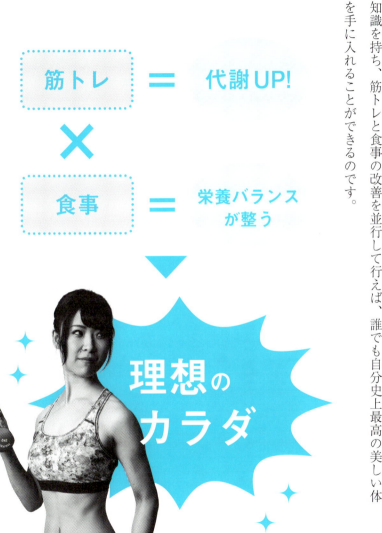

Body Make

筋トレをすると太くなる？

女性は男性に比べ筋肉がつきづらいため、筋トレをしたからといっていきなりムキムキになることはありません。

しかし、例えば背中を引き締めようと筋トレをしても、間違ったフォームで鍛え続けていると、腕や肩だけ太くなる現象が起きます。腕や脚を細くしたいと願う女性は、種目選びとフォームが重要です。特に**身長の低い方が間違った筋トレをすると、全体的に太く見えやすくなります**。

また、いくら細くてもある程度の筋肉量がないと、セルライト状のものが見えてきます。

以前、台湾に旅行に行ったときのことです。台湾の女性は気候柄なのかショートパンツを穿いている方が多かったのですが、その半数以上の女性が太ももの後ろにセルライトの線があり驚きました。筋トレ習慣がなく、筋肉を増やすたんぱく質を摂る食生活をしていないと、いくら若くて細い女性でも、たるんでしまうんですね。

だからといって、全身にまんべんなく筋肉をつけるのは本書のめざすところではありません。

脚は細いけどきゅっと上がったお尻、バキバキに割れているわけではないけど細いウエスト、華奢に見えるけど筋肉のついた腕……。

このような体型を理想とする女性は、**ピンポイントで筋肉を鍛え、鍛えるべきでない部分をなるべく刺激しないようにすることが超重要です。**

Body Make

そのダイエット、一生継続できますか？

世の中には、「確かにその通りにやれば痩せるだろうけど、そんなの現実的に無理じゃん！」という方法も多くあります。

私は、人体実験であえて30キロ太ったことがあるので、太っている方がどのような思考回路で怠惰な環境に陥ってしまうのか、どのような場面でストレスを感じるのか、なぜダイエッ

ヒクツになってしまう
出かけるのが面倒…足痛い
とにかくラクな服装

トに挫折するのか、手に取るようにわかります。

無理なダイエットは続きません。

ですので本書では、どのような女性でも継続できる方法をお伝えします。

筋トレも正しい食生活も、続けることで初めて効果を実感できるからです。

もう、無理して空腹で走ったり断食をしたりして、リバウンドするのは終わりにしましょう。

本書の美ボディトレーニングを行えば、体質が細胞レベルで変わるので、一生太らない体を手に入れることができます。

死ぬまでダイエットをし続けるか、いま頑張って「理想の体型」をモノにし、一生キレイな自分でいるか。人生を選択するときです。

Column

一生キレイでいたいならば過剰な糖質制限ダイエットはNG!

1

非日常的すぎるダイエットを続けるのは難しい

最近、「糖質制限をしながら筋トレをして短期間で○キロ痩せる」というパーソナルジムが増えてきました。

これらは、「美しく痩せたい」「リバウンドしたくない!」と考えるのであればあまり推奨はできません。

なぜなら糖質制限+筋トレで一気に体重を落とすと、どうしてもたるみがでたり、リバウンドしやすくなる等の問題が発生しやすくなるからです。

もちろんレベルの高いトレーナーが週2以上でつき、目標体重達成後も同じようにジムに通い続け厳格な糖質制限を続けるのであれば体型維持も不可能ではありません。

しかし、実際は半数以上の方がリバウンドをしていると言われています。

普段から筋トレをせずに糖質もいっぱい摂っていた方が、いきなり過酷な糖質制限をしながら辛い筋トレを行うという生活を送ることができるのは、もって1~2カ月だからです。

また、このようなジムの多くは糖質制限以外の栄養摂取の仕方を教えてくれないことと、糖質制限明けに糖質をしっかり摂ると恐ろしいほどの食欲が湧くことも原因です。

特に食欲はホルモンの影響なので、意志が強い方でも抗えません。

リバウンドしない体を求めるのであれば、ダイエットを〝非日常〟すぎないようにすることが重要です。

Part.2

痩せる土台をつくる！
実践トレーニング

Training

鍛えるべき筋肉・前

一般的な日本人女性が好きな、華奢で美しい体をつくるためには、鍛えるべき筋肉をしっかりとつけるだけでなく、鍛えるべきではない部分をできる限り使わないように筋トレすることが大切です。

では、どこに筋肉をつければ良いのでしょうか？

女性のボディメイクに必要な筋肉は、上半身が背中、胸、二の腕、腹筋。下半身は、お尻、内もも、もも後ろです。

その内、体の前面にある筋肉は左の図のとおりです。

▶【胸】大胸筋

よく、「胸筋を鍛えるとバストがカタくなるのでは？」と心配する方がいますが、大胸筋とバストの脂肪は別の組織。バストの下の土台が大きくなるだけで、いまある脂肪が大胸筋に変わるわけではありません。

大胸筋を鍛えていれば、痩せきった際に、鎖骨あたりが貧相にならずに済みます。

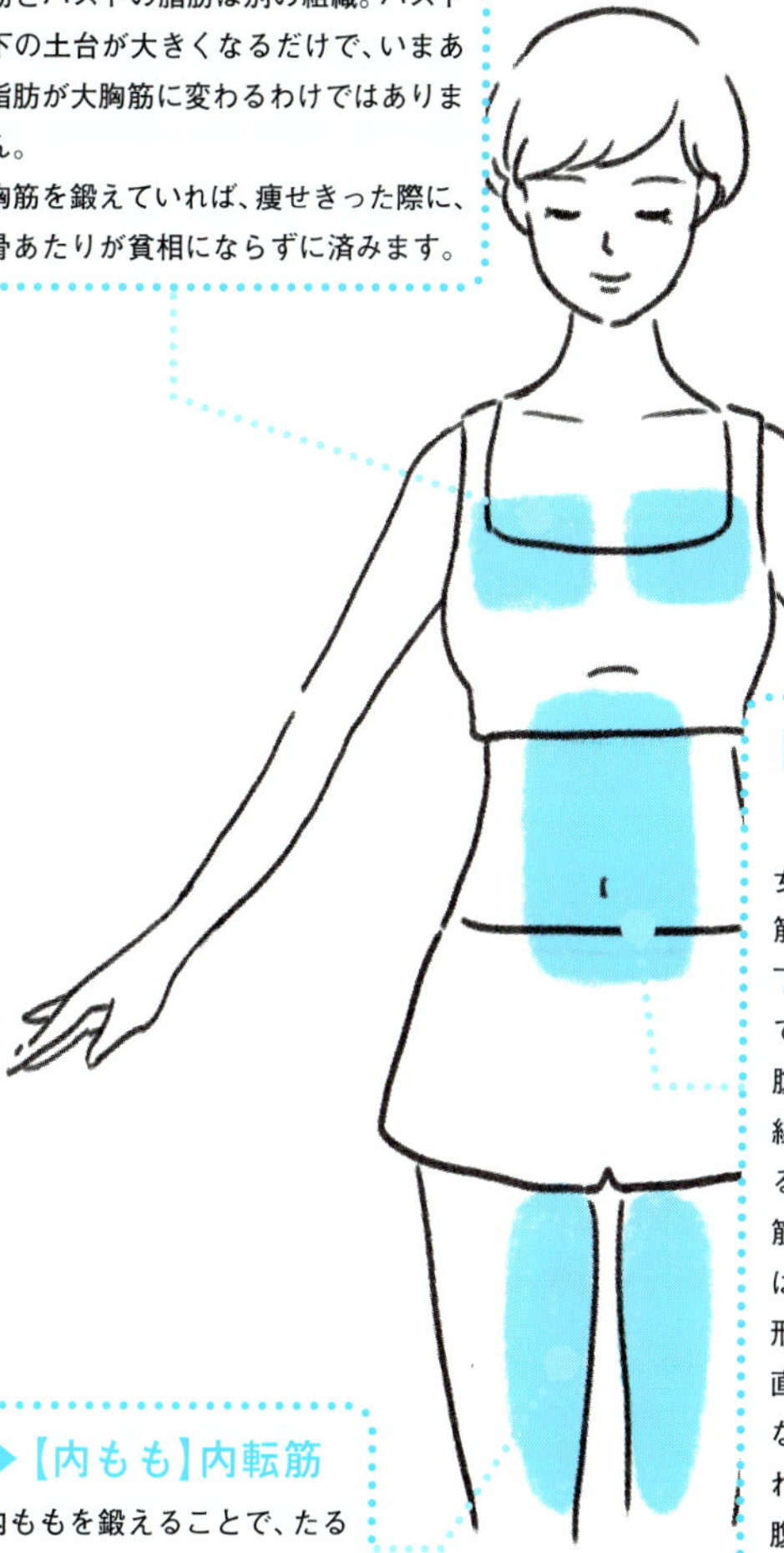

▶【腹筋】腹直筋・腹横筋・腹斜筋

女性が鍛えるべき腹筋は、①腹直筋の上部、②腹横筋、③腹直筋の下部、④腹斜筋、この順番で重要です。

腹筋のタテのラインの正体は「白線」と呼ばれる腹直筋の中心を走る溝なのですが、ある程度、腹直筋上部を鍛え、体脂肪を減らせば、女性が理想としているお腹の形になりやすいです。腹斜筋や腹直筋下部を鍛えすぎると、寸胴になったり、下腹ポッコリが強調される場合があります。

腹横筋はインナーマッスルといわれる筋肉で、コルセットのように内部についている筋肉です。ここを鍛えることで、ウエスト痩せに効果的です。

▶【内もも】内転筋

内ももを鍛えることで、たるみを改善できます。ここを鍛えると、歩くときに外ももの活躍が減るため、外もものはりが減る可能性もあります。

Training

鍛えるべき筋肉・後ろ

体の裏面にある筋肉は左の図のとおりです。

私のメソッドでは、**鍛えるべき筋肉を刺激するだけでなく、鍛えたくない筋肉を刺激しないことに重点を置いています。** そうすることで、メリハリのある女性らしい美ボディが手に入りますよ。

次の筋肉もしっかりと鍛えれば、猫背が治り、後ろ姿も引き締まって、後ろ姿美人になれます。

後ろ姿は年齢が出やすいのですが、自分で見ることがないので、気づかないうちに垂れている可能性があります。

後ろ姿が美しいと印象が断然良くなるので頑張ってくださいね！

▶【背中】大円筋・広背筋・僧帽筋《そうぼうきん》・菱形筋《りょうけいきん》

背中は筋肉のパーツがたくさんあるので、鍛えることで全身の筋肉量の底上げと、代謝アップにつながります。

背中を鍛えることは、猫背の改善にも効果的。背中の筋肉があると正しい姿勢をとるのが楽だからです。背中を鍛えることで副次的にくびれも生まれやすいので、頑張ってみてください。

▶【二の腕】上腕三頭筋

いわゆる「振り袖肉」の対策に有効なのが上腕三頭筋で、なかでも「上腕三頭筋長頭」を鍛えることで引き締まった二の腕を手に入れることができます。

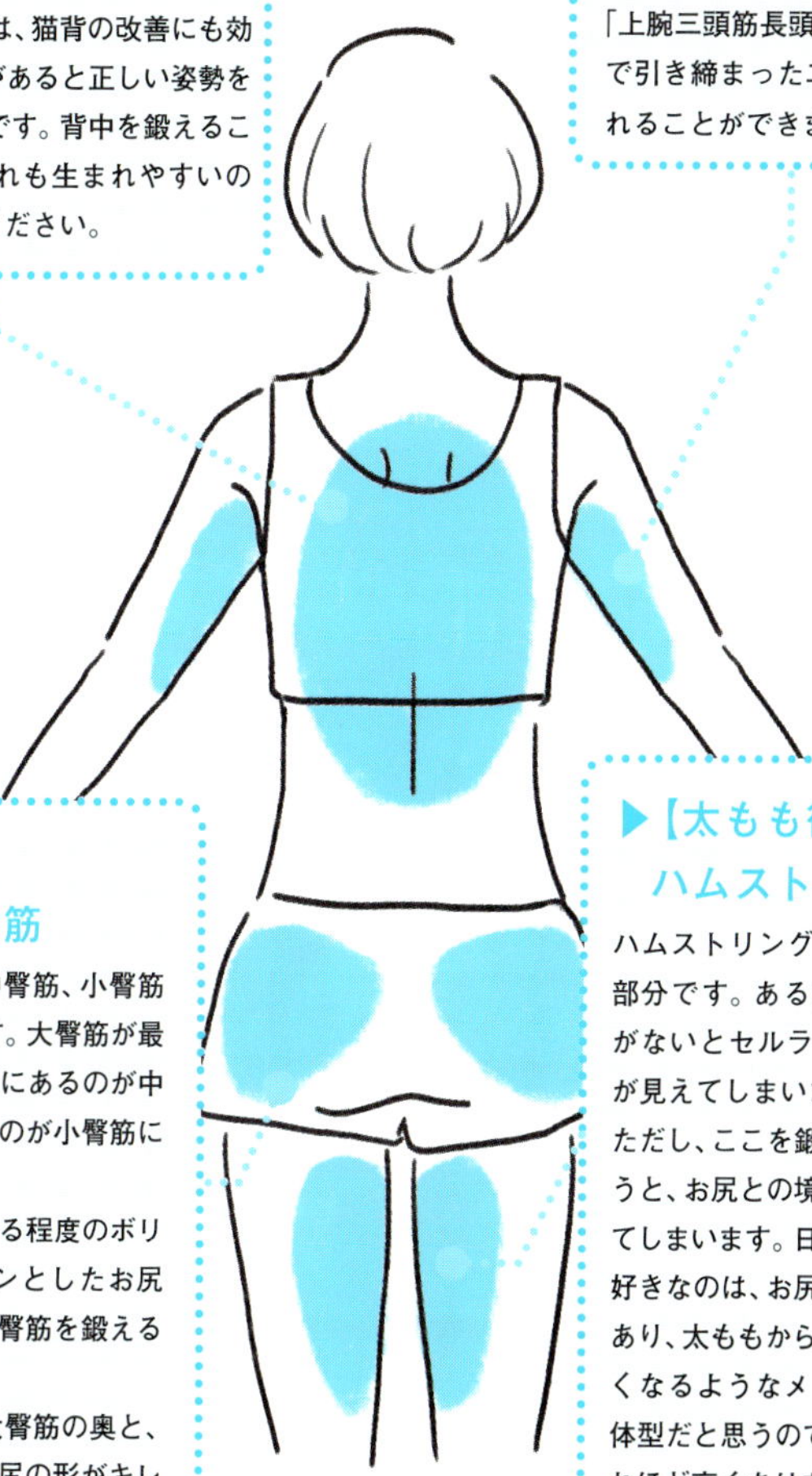

▶【お尻】大殿筋・中殿筋

お尻には、大臀筋、中臀筋、小臀筋という筋肉があります。大臀筋が最も体積が多く、その奥にあるのが中臀筋、さらに奥にあるのが小臀筋になります。

女性が理想とする、ある程度のボリュームを持ったプルンとしたお尻をつくるためには、大臀筋を鍛えることが重要です。

中臀筋も重要です。大臀筋の奥と、上のほうの筋肉で、お尻の形がキレイになります。中臀筋を鍛えることで、ふくらはぎの使用頻度が減るので、ふくらはぎ痩せにも効果的。

▶【太もも後ろ】ハムストリングス

ハムストリングスと呼ばれる部分です。ある程度の筋肉量がないとセルライト状のものが見えてしまいます。

ただし、ここを鍛えすぎてしまうと、お尻との境目がなくなってしまいます。日本人の女性が好きなのは、お尻はそれなりにあり、太ももから下は一気に細くなるようなメリハリのある体型だと思うので、必須度はそれほど高くありません。お尻を鍛える種目をやると補助的に太もも後ろも鍛えられるので、それで充分でしょう。

Training

鍛えなくていい筋肉

それでは、女性が鍛える必要のない部分とはどこでしょうか。

上半身では、肩、力こぶの上腕二頭筋、肘から先の前腕。下半身では、前もも、ふくらはぎです。

私の感覚だと、ダイエットや美容に興味があり、多少知識のある女性でも、ここを刺激してしまうことのリスクに関してはほとんど気にしていません。

ダイエットをしていたとしても、料理をするときに重い中華鍋を振り回していたら前腕が太くなる可能性があり、かかとの高いヒールでカツカツ歩き、つま先立ちの姿勢を続ければふくらはぎの筋肉が発達しすぎてゴツくなります。

基本的に筋肉というのは、刺激を受けると太くなるという性質を持っているので、意識して鍛えたくない部分を使わないようにする必要があります。「前ももを引き締め

たいから鍛えよう！」これは間違っています。

これからご紹介する筋トレは、鍛えるべき筋肉に刺激を与え、発達させたくない部分は極力使わないことを意識した、女性の体づくりのために特化した筋トレですので、安心して取り組んでくださいね！

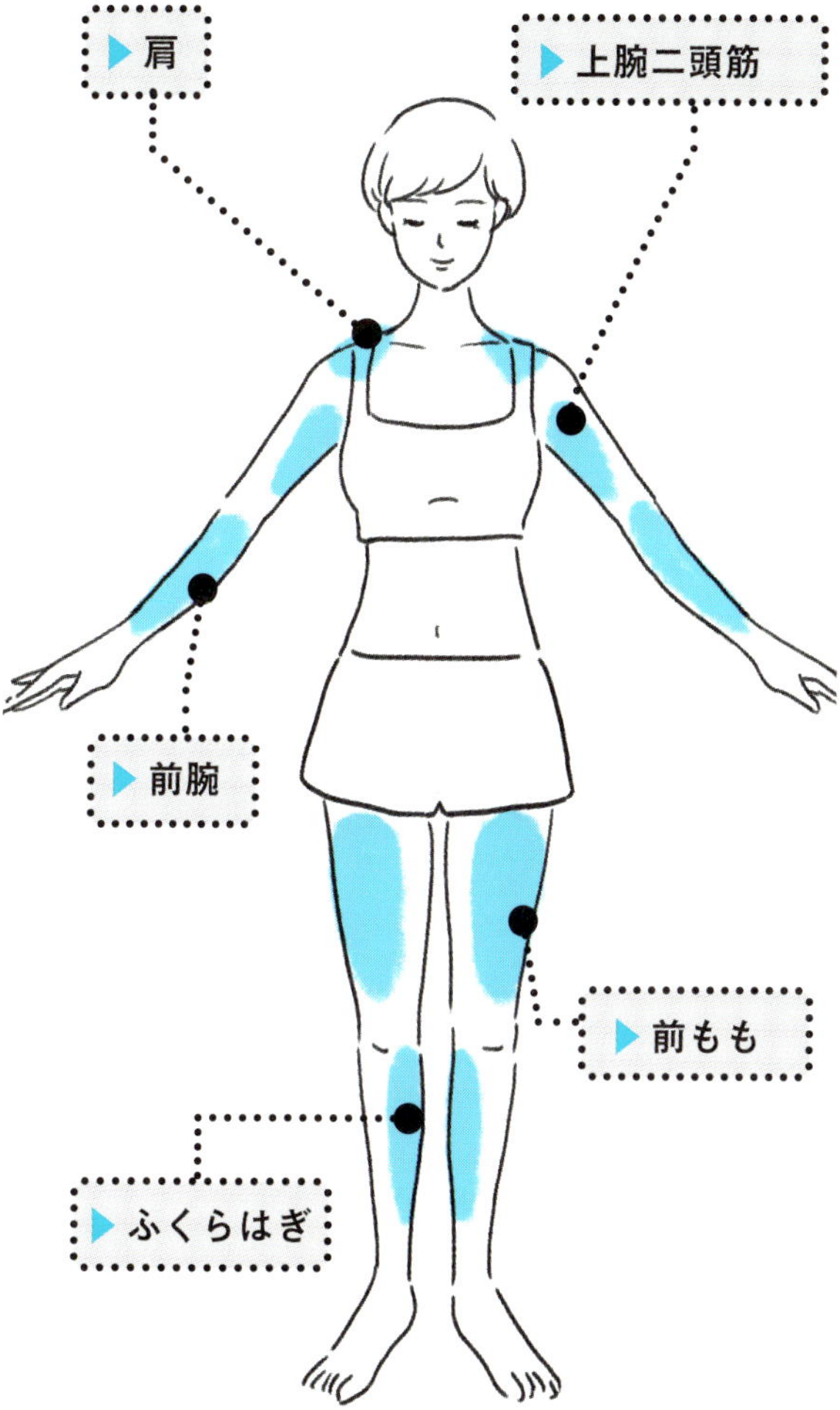

Training

まずはダンベルを用意しよう

本書のトレーニングを行う際には、ダンベルが必要になります。

ダンベルがなければはじめは500ミリリットルのペットボトルで代用してもいいのですが、筋肉がついてくるとそれでは楽になってきてしまいます。

筋肉は負荷に応じて増えたり減ったりするため、1キロが楽になったら2キロ、それが楽になったら3キロ……と、どんどん重量を上げていく必要があり、最終的には女性でも片手で5キロずつくらいのダンベルが持てるようになるのが理想です。

ただ、**たくさんダンベルを買うのは大変なので、オススメは片手2キロのダンベルと1キロのリストウェイトを買うこと**。

リストウェイトとは、手首に巻くことで重さを上げるトレーニング道具で、Amazon

などでも購入できます。

ダンベル2キロに1キロのリストウェイトを巻けば合計3キロになるので、3キロのダンベルを買わずに済みます。

重量を変えられる可変式のダンベルもありますが、見た目がゴツいため嫌がる女性が多いです。もっと上をめざしたいと思ってから選択肢に入れましょう。

ちなみに、ダンベルを一切使わない「自重トレーニング」のみは様々な理由から女性らしい体づくりには適していません。私も、ダンベルなしでは指導をできる自信がありません。

ダンベルは2キロがおススメ！

リストウェイトは1キロのものを

Training

効果が倍増する「筋トレの順番」を守ろう

自己流でトレーニングを行っている方のなかで、種目の順番を意識している方はそれほど多くないかもしれません。しかし実は、順番によってトレーニングの効果が変わります。

基本は、**自分にとって「キツい順」に取り組みます**。後半に苦手な種目を持ってくると、辛くてできないからです。あとは、パーツの大きい筋肉から鍛えましょう。上半身の場合は胸や背中を先に。背中の種目も胸の種目も二の腕を使うので、先に二の腕を鍛えてしまうと疲弊してしまって胸の筋肉を追い込めないからです。

本書のトレーニングは、以下の順番で行います。

腹筋は必ず最後に行いましょう。はじめに腹筋をやると、お腹に力が入らず腰を痛める可能性があります。

また、P188の呼吸についてのQ&Aも実際に筋トレをする前に目を通してくださいね。

順番は意外と大事！

筋トレの順番

バスト／二の腕
（プッシュアップ）

▼

背中
（ダンベルベントローイング）

▼

二の腕
（両手キックバック）

▼

内もも／お尻
（プリエスクワット）

▼

お尻／太ももの後ろ
（ヒップリフト）

▼

お尻の外側／太ももの後ろ
（ワイドヒップリフト）

▼

お腹
（クランチ、ツイストクランチ）

Training

美ボディトレーニングのルール！

1 RULE 必ず2セット以上やろう

筋トレをするときは必ず２セット以上、できれば３セット行いましょう。１セットだけやったところで、筋肉はたいしてつきません。

ただし、4セット以上やってもあまりメリットがないのでやらなくてもいいでしょう。そもそも、4セット目ができるくらい体力が余っているのは、筋トレの負荷が弱すぎます。3セット終わった段階で「もう少しやりたい」と思ったら、次回の筋トレから負荷を上げましょう。

１つの種目を全セット終わらせてから次の種目へと進むようにしてください。

2 RULE セット間の休みは１～３分くらい

1セット目と2セット目の間の休憩時間は、1～3分内であれば構いません。いけそうだなと思ったら次のセットへいきましょう。インターバルが短くても長くてもメリット、デメリットがあるので効果は同じになります。

プリエスクワットなど息が切れるような種目は、３分ぎりぎりまで休憩してもＯＫです。ただし、3分以上は休みすぎなので注意してください。種目間の休憩時間は、上記より少し長めでもＯＫです。

3 RULE

筋トレ2時間前に
おにぎりを1個食べる

私のオススメは、おにぎり。おにぎりはどこでも買えますし、コンビニのおにぎりだと、糖質が35グラム程度なのでぴったりです。

玄米は、消化してエネルギーになるまでの時間がかかるので、筋トレ前は消化の良い白米がベスト。

お腹がいっぱいだと、胃腸に血液がまわり筋トレのパフォーマンスが落ちたり、気持ちが悪くなったりしてしまうので、2時間前に食べましょう。

おにぎりを２個以上や、一緒に揚げ物を食べたりするのであれば、消化に時間がかかるので筋トレの２時間３０分前くらいに終えるようにしましょう。

4 RULE

筋トレ直後にプロテインを飲む

筋トレ直後には、たんぱく質を２０グラム程度摂りましょう。たんぱく質は食事ではなく、吸収速度の速いプロテインから摂るのがオススメです。

筋トレ後のたんぱく質摂取は、筋肉を効果的につけるために超重要です！　筋トレとたんぱく質はセットと考え、習慣づけましょう。

Workout Target

バスト・二の腕

プッシュアップ

すらっと伸びた腕とキレイなデコルテライン！

1セット 15-20回

1 四つん這いの体勢になり、腕を肩幅の1.5倍くらいに開きます。

肩幅の1.5倍
手の角度はまっすぐか、少し「ハ」の字に

Point!

最も大事なポイントは深く上体を下げることなので、浅くなってしまうのであれば、手のひらと膝の距離を近づけましょう
とにかく深さ！

Point!

一般的に「腕立て伏せ」と呼ばれる種目です
腕の幅を広げるほど胸に、幅を狭めるほど二の腕に効きます
オススメは肩幅の1.5倍くらい

2 ゆっくり上体を下げ、すっと早く上げます。

背中はまっすぐに
キープしたまま!
目線は前方を見る
胸が地面につくくらい、
深く沈めることを意識しましょう

▶負荷の上げ方

①最大20回まで回数を増やす
②ゆっくり上体を下げ、下がったときに1秒ストップする
③膝と手の平の距離を離す
④全てできるようになったら、膝をつけない一般的な腕立て伏せにする

▶腕に効かせたい場合は?

胸ではなく、腕に重点的に効かせたい場合は、両手の人差し指と親指でトライアングルの形をつくり行いましょう。

「ダイヤモンドプッシュアップ」と呼ばれる種目になります。この場合は、そこまで深さにこだわらなくてもOKです。

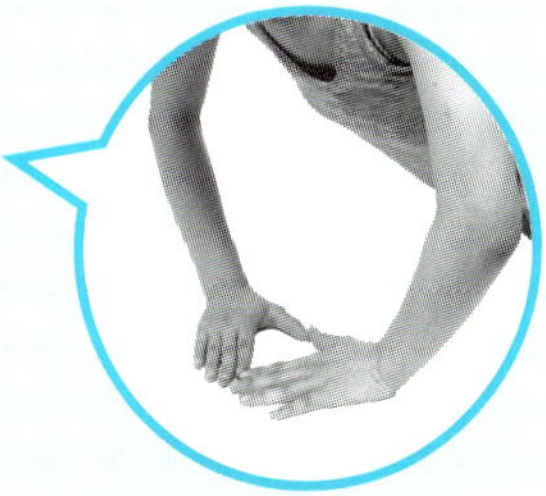

Workout Target

背中

ダンベルベントローイング

キレイな背中と猫背対策！

1セット
15回

1 ダンベルを持ち、脚を肩幅より少し大きめに開きます。

目線は、腕が下にきたときは少し下に
中腰の姿勢をとります
最初は胸を張りません
30度
手の甲は正面を向いた状態でスタート

NG! 背中の角度がまっすぐになりすぎ

背中を斜めにしないと、腕や首に効いてしまいます。必ず斜めにキープしましょう

Point!

どの状態においても肩は絶対に上げないこと
肩が上がらずにしっかり肘を引き、胸を限界まで張れば、必ず背中が使われます
逆にこれらが守られていないと腕が太くなります

2 手首を外側へ回しながら肘をしっかり引き、胸を張った状態で１秒ストップしたらゆっくり戻します。

目線は、肘を引いたときは前を見る
肘を引く際は必ず胸を張りながら行いましょう。肩が上がらないように注意
脇を締め、肘の軌道は、身体の近くを通るように意識します
引ききったら手の甲が後ろ向きになっているように
NG! 肘が引けていない&手の甲が前向き

肘は、胴体よりも後ろまでしっかり引きます。重量が重すぎて肘が引けない場合は、軽いものに変えましょう

▶負荷の上げ方

①サムレスグリップ(画像参照・親指を外して残り４本の指で持つ)で握る
②背中の角度を45度まで曲げる
③ストップの時間を２秒にする
④全てできるようになったら、ダンベルの重量を上げて②③は元に戻す

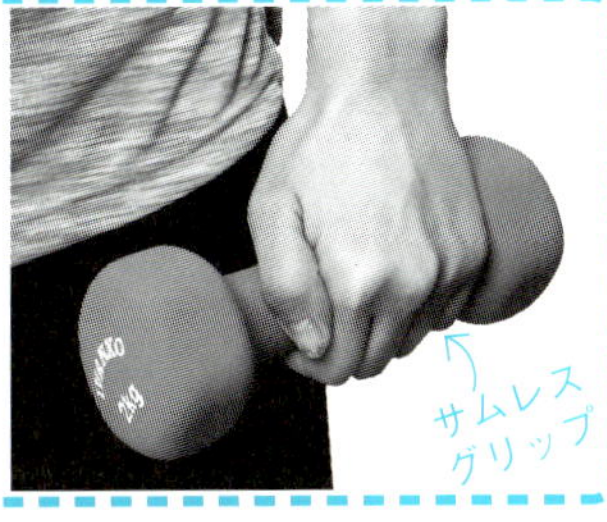
サムレスグリップ

Workout Target

二の腕

両手キックバック

たるみがちな二の腕の〝振り袖肉〟を落とす！

1セット
20回

1 両手で500ｍｌのペットボトルを持ち、体を斜めに倒します。

手のひらを正面に向け、肘を曲げます

手首がグリグリと動いてしまうと、前腕に効いてしまいます。手首の角度は固定させましょう

Point!

最も重要なポイントはしっかり筋肉を縮めることとゆっくり腕を下げること
すぐに負荷を上げずに丁寧に効かせることを意識しましょう！

Point!

手のひらの向きが重要で、正面に向けたまま行うことで、「振り袖肉」対策に最も効果的な上腕三頭筋長頭に効かせることができます

2 肘を後ろに垂直に伸ばし、高く上げ、上げ切ったところで1秒ストップしたらゆっくりと元に戻します。

上げたときに二の腕の筋肉をギュッと縮める意識で行いましょう
せっかく高く上げても素早く元に戻してしまうと、負荷がかからないため効果が半減します。戻すときに1番負荷がかかるので、ゆっくり戻してください(超重要！)
脇を締め、手が身体の近くを通るように心がけましょう

▶ 負荷の上げ方①

はじめは５００ｍｌのペットボトルから、少し慣れたら親指を外す「サムレス」(P45参照)の持ち方で丁寧に行い、徐々に負荷を上げていきましょう。

無理して重いダンベルから始めると、腕が上がらないため刺激が弱くなるばかりか、手首を痛める原因にもなります。女性が鍛えたくない部分に効いてしまう原因になるので、気を付けてくださいね

▶ 負荷の上げ方②

①椅子に座って背中の角度をより斜めに倒す
②ストップの時間を２秒にする
③すべてできるようになったらダンベルの重量を上げて①②を元に戻す

Workout Target

内もも・お尻

プリエスクワット

引き締まった内ももと上がったお尻を手に入れる！

1セット 15-20回

1 体の正面でダンベルを持ち、脚の幅を最低でも肩幅の1.5倍くらいに開きます。

NG! 腕が前に出ている

ダンベルを持つのは、内転筋やお尻への負荷を上げるためですが、腕を前に出すと別の筋肉に効いてしまいます。腕は太ももギリギリの位置でキープしてください

脚の種目なのでダンベルの持ち方は自由です

肩幅の1.5倍

Point!

お尻の負荷を上げるため、一般的にいわれる「ワイドスクワット」よりも脚幅を広めにとっています。柔軟性が高い女性は、写真より脚幅をさらに広げたほうが効果があります(最大肩幅の２倍まで)
本書で紹介する種目のなかで、若返りに必要な成長ホルモンが最も分泌される種目です。できるだけゆっくりやりましょう

2 腕をダランと下げたままゆっくり腰を下げ、ゆっくり上げます。

できるだけゆっくりやること
ベストな深さはお尻と膝が同じ高さまで沈むことです(※深すぎもNG)

背中はまっすぐにキープ

目線は正面より少し下に

OK!

親指が浮いてもOKなので、膝を外側に持っていく意識で

NG!
背中の角度が変わる
NG!

猫背になってしまったり、背中が反りすぎてお尻が突き出るのはNGです

NG!
膝が脚より前に出る

膝は脚よりも前に出た瞬間に、前ももに負荷がかかります

どうしても膝が内側に入ってしまう方は次のページへ！

▶負荷の上げ方

①回数を20回まで増やす
②最もしゃがんだ位置で1秒間ストップする
③全てできるようになったらダンベルの重量を上げて①②を元に戻す

Training

プリエスクワットで膝が内側に入ってしまう

　ダンベルが重すぎると膝が内側に入りやすくなってしまいます。重いものを持つために、前ももを使おうとするためです。ダンベルを軽いものに変え、ゆっくり行ってみてください。

　また、股関節まわりの柔軟性が低い方は難しい場合もあります。ストレッチをしたり、「グリッドローラー」を使ってからトレーニングをするといいでしょう。それでも膝が出る方は、脚幅を狭めましょう。

1 筋肉を伸ばすストレッチ1

1カ所
30秒

椅子に浅く腰掛け、片脚をもう片方の脚の太ももにのせ、ゆっくり上体を前に倒し、また戻します。

静止してしまうと筋肉がゆるみすぎるので、動きを止めないようにしてください。

曲げている側の脚(画像でいうと左脚)のお尻が伸びていればOKです。

1カ所
30秒

2　筋肉を伸ばすストレッチ2

椅子に浅く腰掛け、両脚を左右に開き、両膝の上に両手を置きます。手で膝をぐっと外側に押し出しながら、肩を入れます。
椅子がない場合は立って行ってもＯＫです。
筋トレ前もいいですが、毎日やると効果的です。

3　グリッドローラーを使って体を柔らかく

グリッドローラー

体重をのせ、かたくなっている筋肉をほぐします。

1カ所
30秒

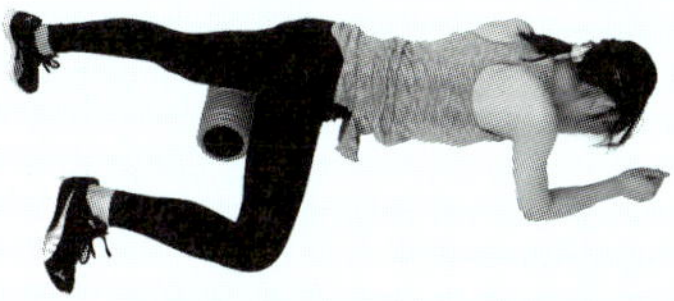
前ももや内ももをグリグリ

お尻をグリグリ

Workout Target

お尻・太もも

ヒップリフト

垂れたお尻とセルライトを撃退！

1セット 20-25回

1 仰向けに寝て、脚を肩幅くらいに開き、膝を曲げます。

腕はまっすぐ下に降ろします

つま先を上げ、重心をかかとに置きます

Point!

つま先側に重心がかかると、ふくらはぎに負荷がかかってしまいますし、お尻の使い方がうまくなりません
かかと重心をマスターしてヒップアップと脚痩せを実現しましょう

Point!

最も重要なポイントはお尻を高く上げることと負荷を絶対に抜かないこと
お尻が地面について休んだ瞬間効果が半減すると思ってくださいね

2 お尻をゆっくり上げて、ゆっくり下げます。

お尻の穴を締めるような感じでぐっと高くあげるのがコツ
下がるとき、お尻を地面につけると負荷が抜けるので、地面ギリギリまで下ろしてまた上げる、という動きを繰り返してください

NG!
膝が開いたり閉じたりする

膝は、常につま先の方向を向いているのが正解です。膝が開いたり閉じたりすると、太ももの前側の筋肉に効いてしまいますし、膝を痛めてしまうので注意しましょう

▶ 負荷の上げ方

①回数を25回に増やす
②お尻を上げた状態で1秒ストップする
③全てできるようになったら片脚にして①②を元に戻す
(片脚にする場合は、P50①のように上げる脚を反対の脚にのせて行う)

Workout Target

お尻・太もも

ワイドヒップリフト

お尻の形をキレイにしつつふくらはぎも細くする！

1セット 20-25回

1 仰向けに寝て膝を軽く曲げたら、脚を体の外側に向けます。

しっかりとかかとに重心を置きます

Point!

通常の「ヒップリフト」よりも、脚幅を広くとることで、お尻の外側の筋肉「中臀筋」も鍛えることができます
ここを鍛えるとお尻の形が劇的によくなり、なおかつ歩くときのふくらはぎの関与が減るので、ふくらはぎ痩せにもつながりますよ

2 「ヒップリフト」と同じく高く上げ、ゆっくり下げていきます。

NG! 膝が体の内側に入ってしまう

脚を開くと膝が内側にずれやすくなります。膝とつま先は同じ方向に向けて行うようにしましょう

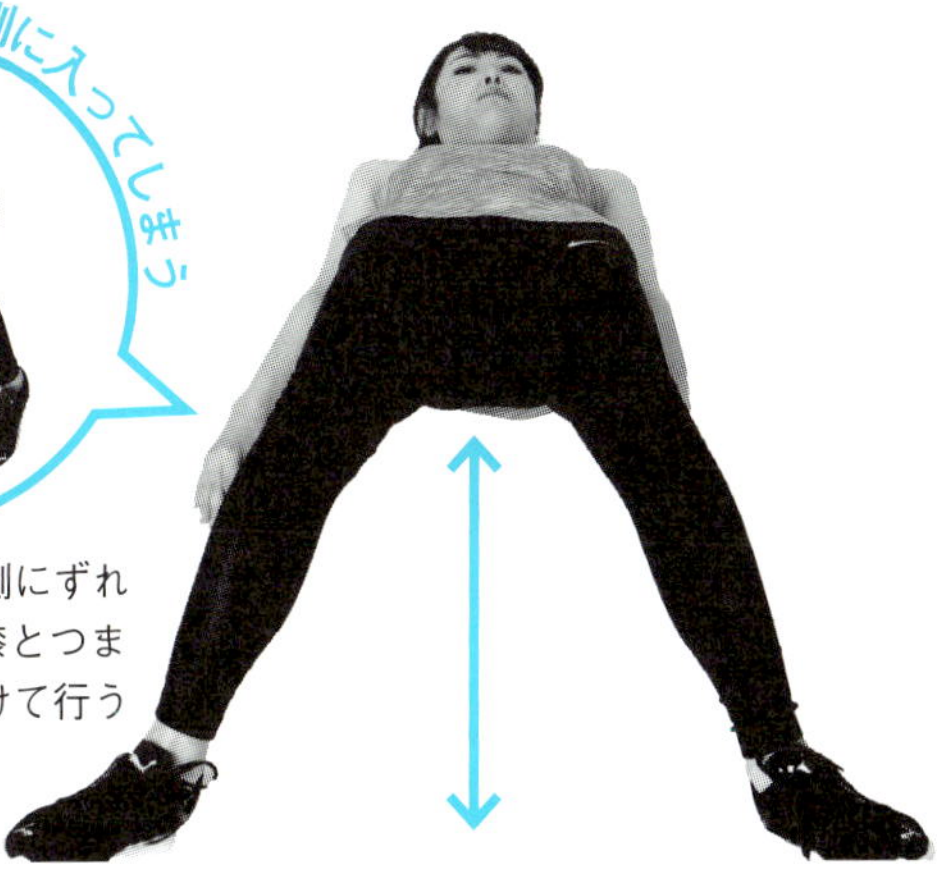

3 地面につくギリギリまで降ろして、2に戻ります

負荷の上げ方はヒップリフト(P53)と同じです(③は除く)

床につけない

Workout Target

お腹

クランチ

引き締まったお腹を手に入れる!

1セット
20-30回

1 仰向けに寝て、脚をくっつけ、膝を軽く曲げます。

手を頭のうしろに回します

NG! 背中に隙間ができる

背中と床の間に隙間ができた状態で行うと、腰を痛める原因になります。腰をそらさず、常に背中を丸めた状態で行いましょう

Point!

腹筋に自信のない方はまずはこの種目をしっかり行いましょう
メインで鍛えられるのは腹直筋上部です。クランチはやればやるほどすぐに効果を実感できるので、頑張って行いましょうね!

2 へそと胸の間を縮める意識で起き上がり、ゆっくり元に戻します

NG! 完全に上体を起こしてしまう
起き上がったときは、へそと胸の間を縮める意識で行いましょう
下げきったときもお腹の力は抜かないようにしましょう
脚は何かに固定してはダメ

完全に上体を起こすと、「シットアップ」という種目になり、腰やももの筋肉も使われてしまいます。背中が丸まるか、へそが縮まればOKです

▶首が痛くなってしまう場合は

腹筋が弱い方は、首が痛くなることがあります。これは、首を上げることに必死になってしまうことが原因です。お腹を縮めたことで頭が勝手に上がるような意識を持ちましょう。

Workout Target

お腹

1セット
20-30回

ツイストクランチ

より引き締まったお腹を目指そう！

1 クランチと同様、仰向けになります。

手を頭のうしろに回します

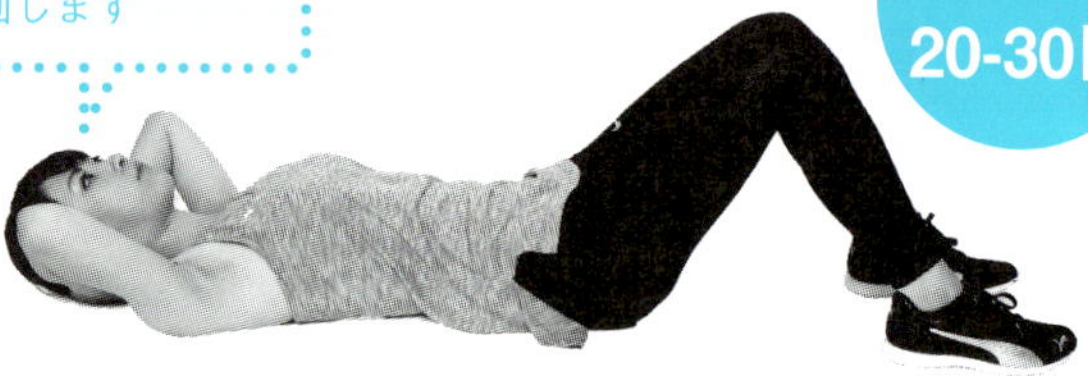

2 上半身を起こしながら、右の肘と左脚の膝をくっつけます。

脚を上げることよりも、上体を起こすことで脚と肘を近づけるようにしましょう

くっつかない場合は、できるだけ近づける意識で行います

Point!

くびれをつくるために、横のお腹を必死で鍛えている女性がいますが、実はこれは間違い。腹斜筋を鍛えすぎると、お腹のサイドにぼこっと筋肉がつくために寸胴に見えてしまいます
腹斜筋がなさすぎても問題があるのですが、ツイストクランチで少しひねるくらいで充分つきます

Point!

腹筋が強くなったらツイストクランチ×2→クランチ×1の計3セットを毎日行うのが最もオススメです

3 ゆっくりと上体と左脚を下ろし、1に戻り今度は左の肘と右脚の膝をくっつけますその後、元の位置へ

この種目で重要なのは、お腹をひねることよりも上体を上げること。ひねりすぎると、1番鍛えたい腹直筋上部への刺激が弱くなってします。

▶負荷の上げ方

①回数を30回に増やす
②上体を起こした状態で1秒ストップする
③上体を起こす際、息を吐きながら行う
④すべてできるようになったら頭の後ろにダンベルを持ったり、アブマットを使用し、①②③は元に戻す

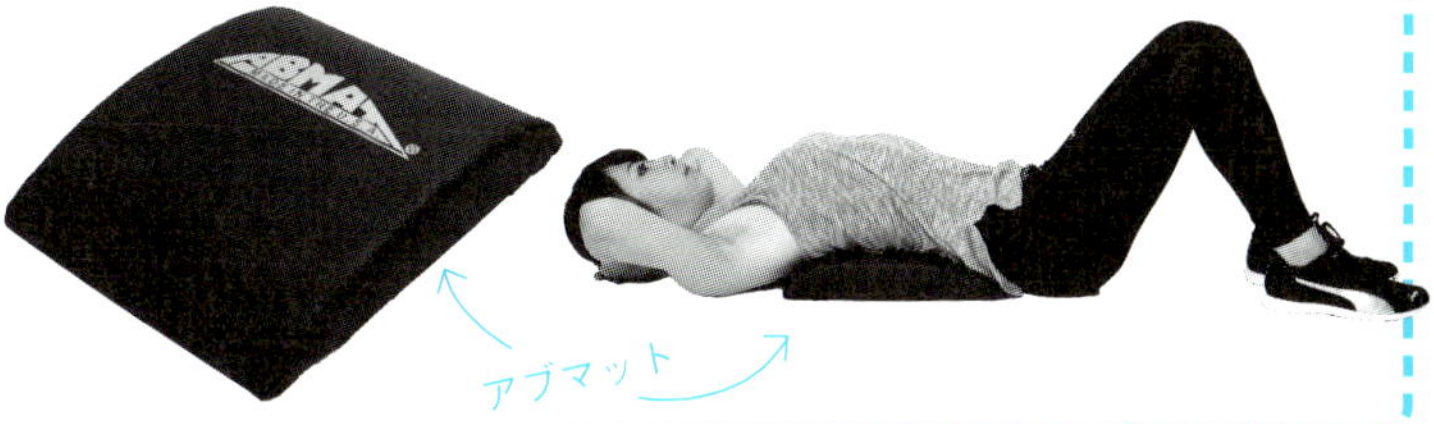

Training

日常生活に筋トレを取り入れよう！

普段の生活のなかで筋トレを行うこともできます。例えば、階段の一段飛ばし。上りの際に脚を大きく上げることで、胴体と脚をつなぐ大腰筋に効きます。ここを鍛えることで、ヒップアップと下腹ぽっこりが改善します。

ここでも、**つま先ではなくかかと重心**を意識してください。着地したときに膝がつま先よりも前に出ると前ももに効いてしまいますので、そのあたりも気を付けてくださいね。

階段を下る際は前ももの筋肉が使われやすいので、本気で脚痩せにこだわる方は、上りは階段を、下りはエスカレーターを使うのもいいと思います。

デスクワークなど、椅子に座っている時間が長い方は、椅子のへりを両手で持ち、少し猫背になって膝を胸に近づけるだけでも腹筋を鍛えることができます。

日常筋トレ

椅子に浅く腰掛けた方が負荷が強まりますが、難しければ背もたれに背中をあずけて行ってもＯＫです。

もちろんこれらも筋トレなので、20回前後2セット以上やると効果的です。

1　椅子に浅く腰掛ける

2　膝を上げて胸に近づける

難しい方は背もたれに背中を預けてもＯＫ

Training

「踏み台昇降」や「ドローイン」もやってみよう

有酸素運動では、踏み台昇降がオススメです。

踏み台昇降を行うときは、つま先ではなくかかとで踏み込んで上がることを意識してください。つま先に重心を置くと、ふくらはぎが鍛えられてしまいます。もちろん、膝が前に出ると前ももが使われやすくなるので注意してください。

有酸素運動では基本的に筋肉はつきづらいのですが、ふくらはぎだけは有酸素運動でも筋肉がつきやすいので注意してくださいね。

下腹が気になる方は、お腹をへこませながら息を吐き、限界まで吐ききったらお腹をふくらませながら息を吸う「ドローイン」を行うのもオススメです。

腹横筋を鍛えるのに効果的で、1日10回×3セット行うだけで、1週間後にはお腹周りの数値が変わるはずですよ。

踏み台昇降

1 右脚で上がる

つま先で上がるのはNG。かかと重心を意識しよう。

2 左脚も台にのせ、右脚から降りる

3 次は左脚で上がり、右脚をのせたら左脚で降りる

Training

姿勢改善にストレッチ用ポールを

筋トレではありませんが、姿勢や肩こりの改善におすすめしているのが、ストレッチ用ポールです。

1日5分、寝転がってゴロゴロするだけで姿勢が改善されるのでとてもラクチンで、私のジムのお客さんは皆さん購入しています。

やり方は、ポールに対し平行に乗り、手の平を上に向けてゴロゴロするだけ。手を上下に動かしてみたり、体の後ろ側で肘と肘をぐ

ストレッチ用ポール

っとくっつけるようにしてみたりしてもいいですよ。

ポールを使うタイミングはいつでもＯＫです。

お風呂上がりや筋トレ後などの体が温まっているタイミングのほうがストレッチの効果は高いと思います。

体がかたくて上半身の種目がやりにくい方は、筋トレ前に行って可動域を広げるのもいいでしょう。

どんなにキレイに痩せても姿勢が悪かったら台無し。**毎日ポールに寝転がるだけで劇的にスタイルがよくなる**のでやってみてくださいね。

スマホをしながらでもＯＫ

スマホを両手で持つと筋肉がしっかり伸びてくれないので、片手でスマホを操作し、もう片方はしっかり手の平を上にするようにしてください。

Column

ギリギリサイズのパンツを基準にしよう

2

体重だけでダイエットの成否を判断するのは危険

ダイエットがうまくいっているかを、体重だけで正確に判断することは難しいもの。むくみ、便秘、測定タイミングの違いや、生理期間かどうかでも体重はいくらでも変わります。

メジャーで測ることもできますが、測る位置にズレが生じてしまったり、意外と面倒くさくて続かないことも。

そこで、ダイエットがうまくできているかを知るために便利なのが、ギリギリ入るサイズのパンツです。

間違ったダイエットでは、体重は落ちていてもあまり体脂肪が減りません。つまり、筋肉がメインで落ちてしまい、結果的に太りやすくなっているのです。体重が減ったときにしっかり体脂肪が落ちていれば、パンツもどんどんゆるくなります。

筋肉がもともと全然なかったり、年齢が若い方の場合は、まれに、体重は減らずにパンツがゆるくなる方もいます。これは筋肉が増えながら体脂肪が順調に落ちている最も嬉しい成功パターンです。

逆に、減量に入っても体重が落ちずパンツのキツさも変わらない場合は、ダイエットのやり方が間違っている可能性が高いので見直しが必要です。

太ももやふくらはぎがギリギリ入るサイズのパンツを用意すれば、自分のサイズの変化に気づきやすくなります。特にジーンズがオススメです。

Part. 3

筋トレ効果を上げる美ボディ3ステップ

3step!

ボディメイクには3つのステップがある

増量期
1

減量期

維持期

ボディメイクは、3段階で考えましょう。**増量期、減量期、維持期、この3つです。**

なぜ3段階必要かというと、筋肉をつけることと、体脂肪を落とすことを同時に行うのは難しく、失敗しやすいからです。増量期で筋肉を増やして痩せやすい体をつくってから減量期で体脂肪をがんがん落とす方が無難です。

「ちょっと待って、増量するの!?」と思いますよね。

筋肉を増やすには、体重を増やすくらい食べながら筋トレをするのが最も効率的です。糖質を摂って力を蓄え、筋トレ後はたんぱく質をしっかり摂取しないと、せっかく筋トレをしても筋肉が増えないからです。

ただし、どうしても体重を増やすのが嫌だという女性もいると思います。その場合は、少し効率は落ちますが体重を変化させずに筋肉をつけることも可能です。

増量の期間の目安は最低でも1カ月、できれば2カ月設けてください。○○までに痩せなければいけないというのがなければ、期間を延ばしてもいいですよ。減量期への移行のタイミングについては、P84でも説明しています。

筋トレを始めると代謝が上がるので、今までと同じ食事では痩せてしまうことが多々あります。はじめは、1日の摂取カロリーは1500キロカロリーを設定しましょう。カロリーと体重を毎日記録して、体重が減ってしまうようならプラス100キロカロリーずつ増やすといいでしょう。体重は月に1キロ程度増えるペースがベストです。ダイエットの難易度を下げるため、まずは筋肉をしっかりと増やしましょうね。

ボディメイクの段階

ステップ1
増量期
筋肉をつけて体重を増やす時期
期間：１～２カ月間

ステップ2
減量期
消費カロリーを増やし、摂取カロリーを減らして体脂肪を落とす時期
期間：1カ月以上(個人差大)

ステップ3
維持期
つくり上げた美ボディを維持していく時期
期間：一生

初心者の特権「スター状態」を活かす

2カ月という期間をおすすめする理由はもうひとつあります。

それは、正しい筋トレを始めた方だけの特権「初心者ボーナス」の有効期限だから。

ファミコンの「スーパーマリオ」のシリーズをプレイしたことはありますか？ キノコを取ったり、敵の攻撃をよけたりしていくゲームですが、唯一マリオが超無敵になるのが、「スター」をゲットしたとき。スター状態になるとマリオの体が光り輝き、ＢＧＭもノリノリになり、どんな敵も寄せつけなくなります。

筋トレの初期というのは、このスター状態になったようなもので、おもしろいように筋トレの数値が上がります。ダンベルの重量がどんどん上がり、こなせる回数も増えます。２カ月くらいこの状態が続くので、このタイミングでトレーニングをしっかり行うのがオススメですよ。

スター状態が訪れるのは実は人生に1回しかありません。それなのに、筋トレ初期の増量期にカロリーを制限したり、ダラダラと負荷の小さい筋トレをするなんて、スターを獲得したのに何もしないでぼーっと立ち止まっているのと同じです。

いままで、なぜダイエットに失敗してきたか考えてみてください。短期間で痩せようと、無計画に取り組んできたからではないでしょうか。手強い体脂肪には、筋肉という武器を持って計画的に挑まないと、また負けてしまいますよ。

「筋肉がある」=「理想の体」ではない

もともと運動の習慣があり、一般的な女性よりも筋肉が多い自負があって、いきなり減量に入ろうとする方もいます。

しかし、**全体の筋肉量が多いのと、女性の理想とするボディをつくるために必要な筋肉がついているのはまた別の話。**

ママさんバレーをしていて太ももの前の筋肉はムキムキな方も、腹筋や胸の筋肉量はそこまで多くなかったりします。

キレイなボディラインをつくるためには胸、背中、二の腕、お尻、内もも、お腹の筋肉をつける必要があります。

それらの筋肉量の多さが減量期に突入していいかどうかの目安となります。ですので、体脂肪計に表示される筋肉量よりも実際に行っている筋トレの重量（Ｐ84、85）を参考にすることを私はおすすめしています。

筋トレは週2回以上行おう

それでは、筋トレはどのようなスケジュールで行えばいいのでしょうか?

筋トレは、パーソナルトレーナーの指導のもとで行う場合は高い強度でトレーニングができるので週に1回でOKな場合も多いのですが、ご自身で自宅でやる場合は強度が低くなりがちなので、**週に2回以上は行いましょう。強度の低さを頻度でカバーする**のです。

有酸素運動ではなく筋トレでないと、若返りホルモンといわれる成長ホルモンが見た目に影響を与えるほど分泌されません。

単に体重を減らすだけでなく、細胞レベルで美しくなるためには、筋トレをするしかないのです。

自宅でのトレーニングの場合は、上半身と下半身を分割して行う方法を推奨します。なぜなら1回のトレーニングで全身を鍛えようとすると、後半に体力が続かないからです。

また、トレーニングとトレーニングの間は、中3日休まないと筋肉が回復しません。

中3日の休息時間は超重要。筋肉が増えるのに絶対必要な条件です。

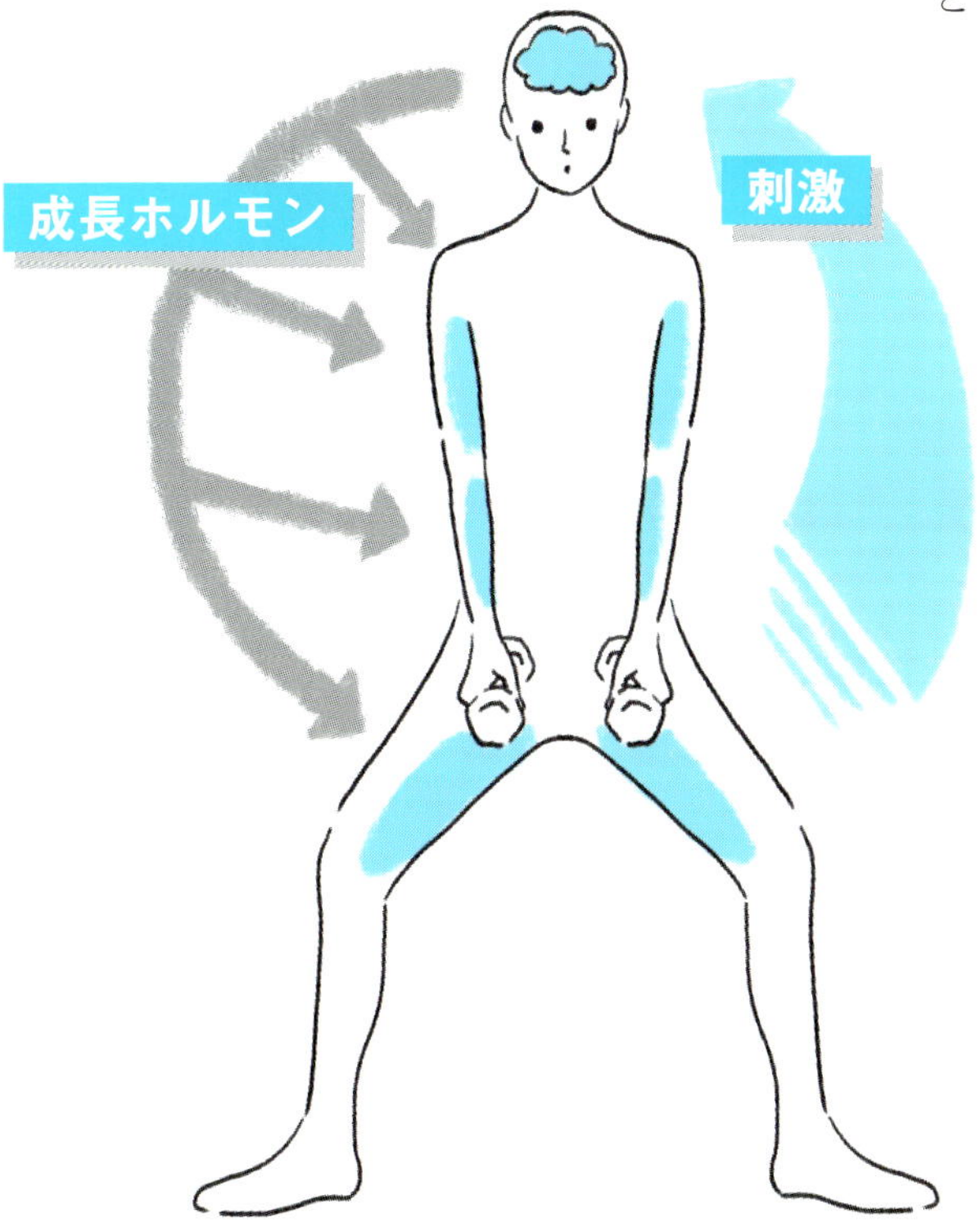

3step!

1週間の筋トレスケジュール

増量期 5

減量期

維持期

オススメは次のようなスケジュールです。

いつやればいいの？

筋トレスケジュール

月曜	上半身＋腹筋
火曜	下半身＋腹筋
水曜	腹筋
木曜	休み
金曜	上半身＋腹筋
土曜	下半身＋腹筋
日曜	腹筋

上半身から中3日後

下半身から中3日後

翌週からは、月曜が休み、火曜上半身、水曜下半身……といったように、**パーツに対して3日空けるスケジュール**です。ただし、腹筋は筋肉の回復が早いので、毎日行ってもOKです。上半身や下半身の日にプラスして行っても構いません。

時間の捻出が難しく全身を1日で行うやり方の場合は、月曜に行ったら中3日空けて金曜、また中3日空けて翌週の火曜に行いましょう。

先に示したスケジュールの場合は、木曜が「休み」となっています。ストイックな女性の場合、「休んでしまっていいの？」と思うかもしれませんが、ぜひ、週に1度は腹筋も有酸素運動もしないオフの日を設けることをおすすめします。

というのも、**筋肉は回復したとしても、体の腱や神経といった箇所が休息を求めている可能性がある**からです。

気持ちのうえでも1日ダラダラする日をつくったほうが次の日からまた頑張れると思うので、無理せずに休んでくださいね。

3step!

「3日休憩」が守れないときは？

増量期 6

減量期

維持期

よく、「中3日空けて4日後に筋トレができない場合は、3日後に行うのと5日後に行うのはどちらがいいですか？」という質問を受けます。

これは、**しっかり中4日空けて5日後に行うのが正解。**

中2日しか空けないことのリスクが大きいからです。

中2日空けて3日後に、「筋肉痛がなくなったから筋トレをやっちゃえ」とトレーニングを開始したとしても、筋肉が完全に回復していない場合に力が出ず、その日の筋トレがグダグダになってしまう可能性があります。筋肉は強い刺激を受けないとつかないので、せっかく筋トレをしても効率が悪くなってしまいます。

そもそも、**「3日くらい休憩しないと筋肉の回復が追い付かずトレーニングできない」というレベルまで筋肉を追い込むのがボディメイクにおける筋トレなのです。**

ただ、さすがに自宅でのトレーニングで中6日というのは空けすぎなので、注意しましょうね。

中2日か中6日かの選択肢しかないのであれば、中2日で回復できるようにその日の筋トレは軽めに終わらせます。ただ、基本的に自宅での筋トレの場合はできるだけ強度の高さを重視してほしいので、軽めにやるのは最終手段です。

例えば中4日空けることがわかっているのであれば、いつもより筋トレを1セット多めに頑張って、「中4日休憩しないと回復しないだろうな」というくらい筋肉を追い込んであげるといいと思います。

中３日ができなかったら？

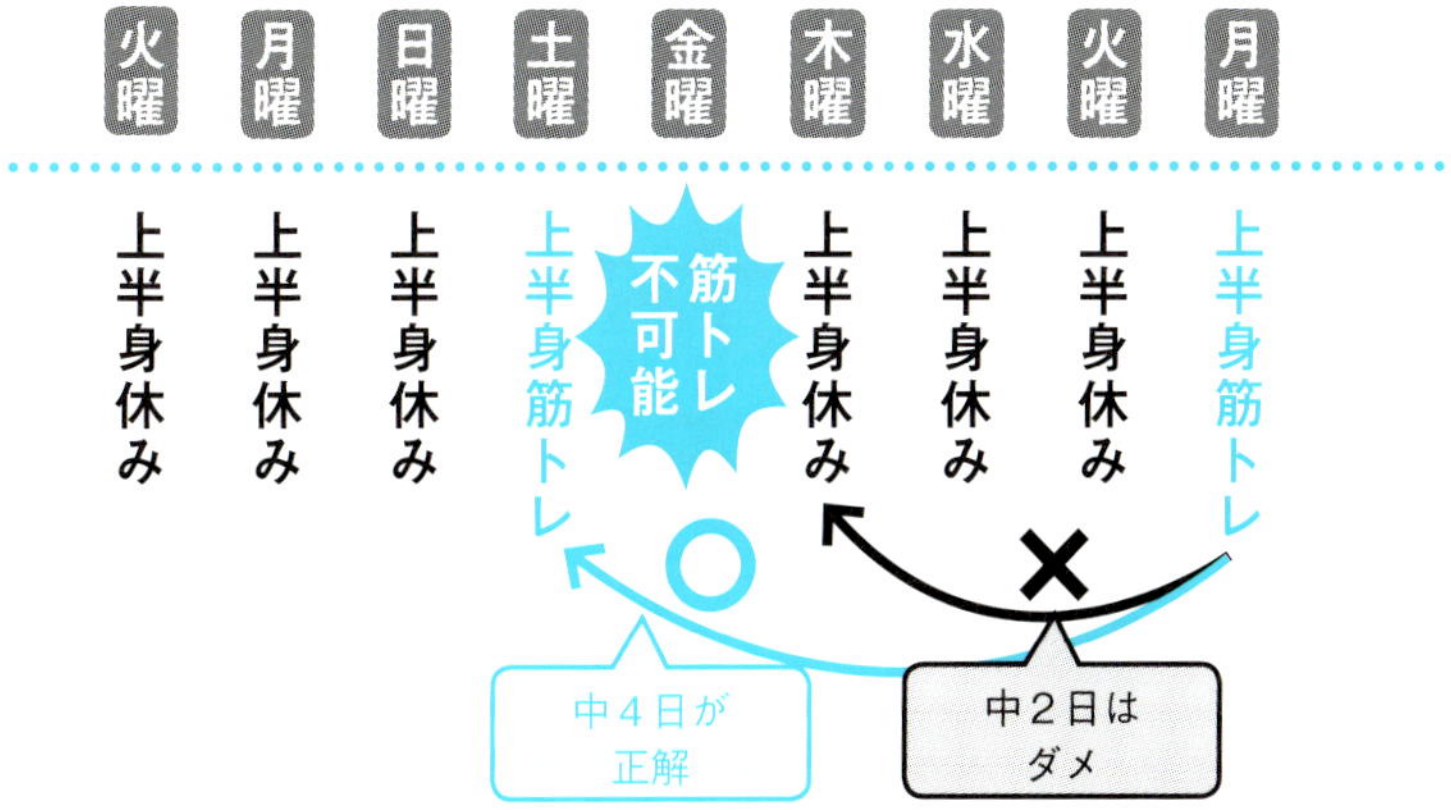

3step!

睡眠が足りなければ筋トレはお休み！

増量期
7
減量期
維持期

筋肉をつけるためには、栄養・刺激・休息の3つの条件が必要で、ひとつでも欠けると筋肉はつきません。食事やサプリで栄養を摂り、**筋トレで刺激を与えるだけでなく、休息もものすごく大切**。休ませてあげないと、筋肉が傷つきっぱなしで回復せず、筋肉がつかないのです。

筋トレの知識が豊富な方は、睡眠の重要性を知っているため、筋トレの時間を削ってでも睡眠時間を確保する方もいるくらいです。

皆さんのなかには、筋トレを朝行う方もいるかもしれませんが、無理して早起きして筋トレを行い、日中眠くなってしまうくらいであれば、筋トレの頻度を減らしたり短い時間で終わらせ、その分よく寝ることをおすすめします。

とはいえ、忙しさを理由に筋トレをまったくしないのはダメですよ！

以前、担当したお客様に、「筋トレをする時間がないので、2週間に1度でいいですか」と聞かれたことがあります。なぜそこまで忙しいのだろうと思い話を聞くと、マッサージとエステには週4で通っていて、筋トレに回す時間がなかったのです。

その方も、筋トレをし始めたら肩こりがなくなりマッサージに行く頻度が少なくなり、むくみづらくなったためエステにも行かなくなったそうです。

そもそも**筋肉と体力があれば、マッサージやエステ、岩盤浴に通い詰めなくてもスッキリとした疲れ知らずの状態でいられます。** 1日15分でいいので、毎日の暮らしに筋トレを取り入れてみてください。体の変化を感じられると思いますよ。

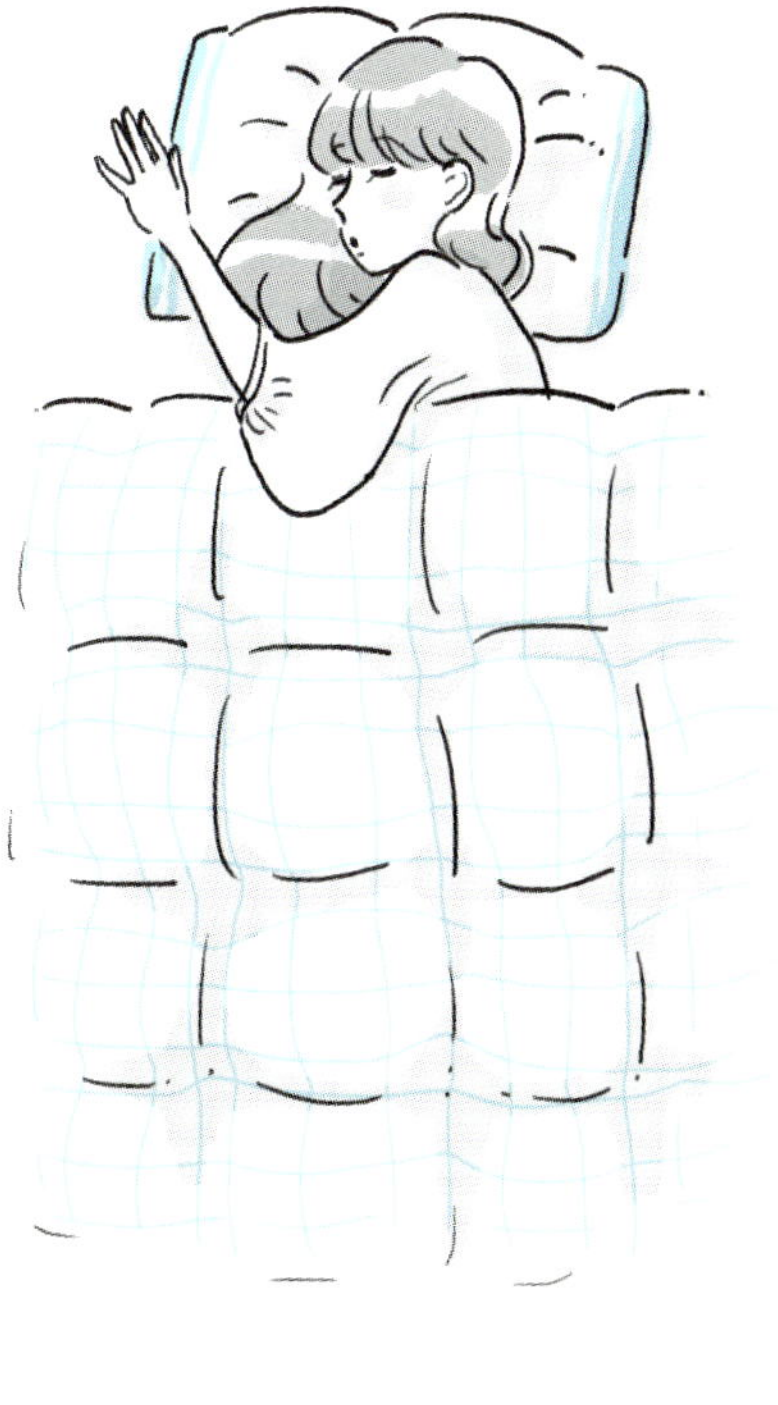

3step!

筋トレは1時間まで

増量期 8

減量期

維持期

筋肉を早くつけたいがために、頑張って何時間も筋トレをしたくなるかもしれません。

しかし、美ボディを叶える**筋トレはどんなに長くても1時間以内で終わらせましょう。**

1時間を超えると、**ストレスホルモンであるコルチゾールが優位に発生してしまう**からです。コルチゾールは筋肉を分解してしまうもととなってしまいますし、血管の老化を明らかに促進してしまうので、分泌を抑える必要があります。

私の監修しているDVD『石本哲郎の4週間ダイエットプログラム　筋トレ編』の場合も、必須種目をすべて3セットずつ行っても40分くらい。もっといろいろな種目をやったとしても1時間以内で終わります。

ボディビルダーの方のなかには2～3時間筋トレをする方もいますが、これはコルチゾールが出ることがわかっているけれどそれでも鍛えるべき筋肉が多く、筋トレをやらざるを得ないからやっているのです。

女性の場合はそこまでやる必要はないので、ダラダラやらずに時間を決めて取り組みましょう。

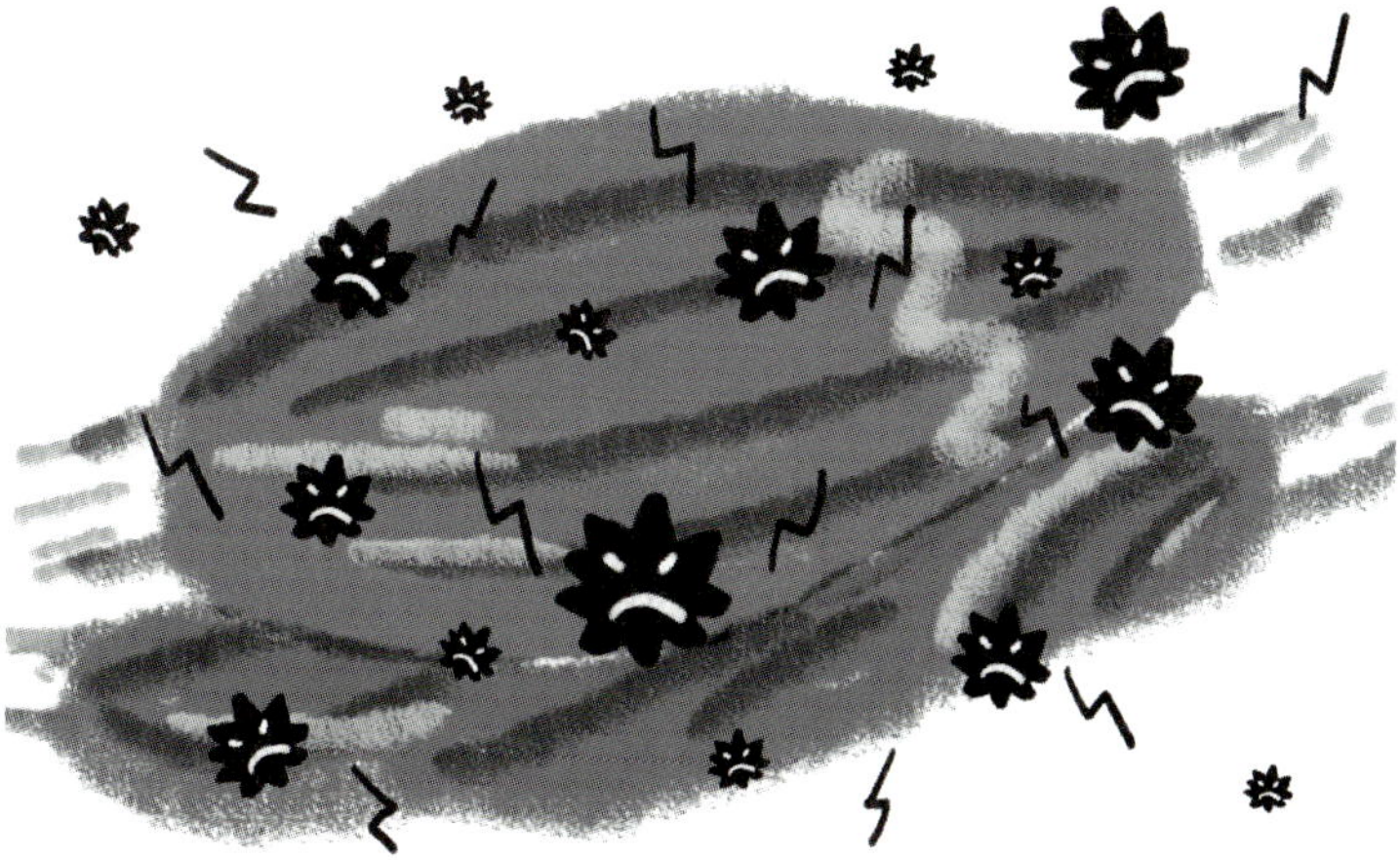

3step!

ここまでできたら減量期へ

増量期 Clear
▼
減量期 1
▼
維持期

減量を開始する目安は以下になります。

これらが余裕でこなせるようになったら、減量に入りましょう！

1 プッシュアップ

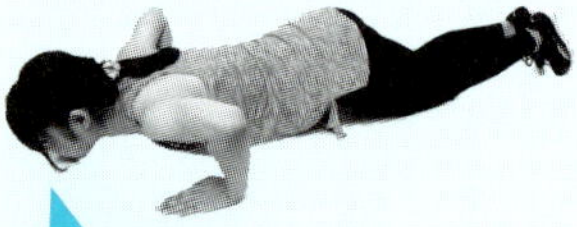

ゆっくり深く
20回×3セット

2 ダンベルベントローイング

5キロずつ
15回×3セット

もしくは3キロずつ
ゆっくり＋背中の急傾斜＋ストップ長め
15回×3セット

3 両手キックバック

2キロずつ
丁寧に
20回×3セット

4 プリエスクワット

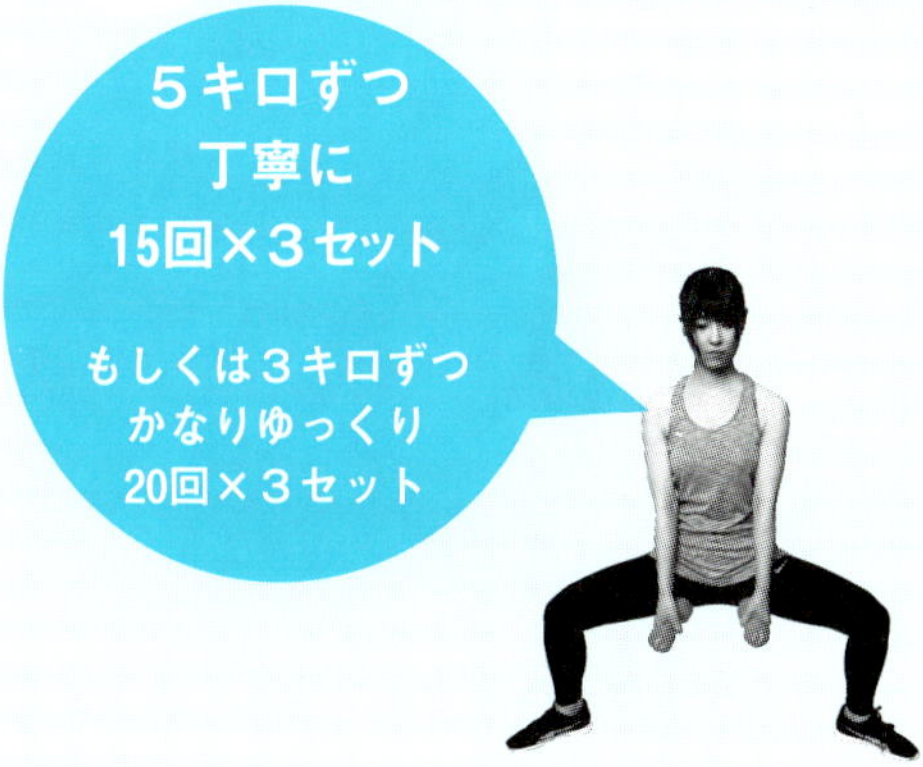
5キロずつ
丁寧に
15回×3セット
もしくは3キロずつ
かなりゆっくり
20回×3セット

個人差もありますのでこの中の3つをクリアすれば減量期に入ってもいいでしょう。ただし、期間に余裕があれば全てを達成してからを推奨します。

もし、筋トレを開始して1カ月経っているのになかなか筋トレの数値が伸びない場合は、筋肉にとって最適な生活が行われていない可能性があるので、食事や睡眠、筋トレの内容を今一度見直してみましょうね。

3step!

減量期は1200キロカロリーに

増量期 Clear

▼

減量期 2

▼

維持期

減量期では、摂取カロリーを抑え、消費カロリーを増やすことで体脂肪を落とします。筋トレの内容や頻度は増量期と同じです。

ただし、食事の量が減っているので、筋トレ時に力がでないこともあります。このときは、多少回数を減らしたりインターバルの時間を延ばしてもOKです。ただ、扱うダンベルの重量とセット数だけは絶対に下げないでください。筋肉の重量は、扱う重さに依存するからです。ただ、さすがにフォームが崩れてしまうなら重量は落としてくださいね。

摂取カロリーを抑えるポイントは、いらないものからカッ

トしていくことです。増量期にはそれなりの量を食べているはずなので、そこからボディメイクに不必要なものを間引いていきます。お昼ごはんのあとのおやつをカットしたり、ごはんをお茶碗山盛り食べていたのを少なめにするなどしましょう。

たんぱく質は控えず、脂質と糖質から不要なものをカットしていくことが大切ですが、気をつけたいのは、脂質の削りすぎ。削りすぎると肌がカサカサになったり、生理不順になったりします。筋トレをしない日は糖質を摂らなくてもいいので、その分積極的に脂質とたんぱく質を摂るようにしてください。

摂取カロリーの目安は、身長体重にかかわらず、1200キロカロリーから様子を見るのが無難。どんなにすぐに減らしたくても、1000キロカロリーは切らないようにしてください。筋肉が落ちる、代謝が落ちる、疲れやすくなるなど減量中のトラブルが多発する可能性があるからです。

1000キロカロリーを下回らないと痩せないようであれば、それ以上カロリーは減らさず有酸素運動を加えましょう。

有酸素運動はすきま時間に

前提として、有酸素運動はやらずに済むのであればそれがベストです。

ただ、正しく筋トレをして摂取カロリーを1000キロカロリー程度に落としても小柄でデスクワーク中心の女性の場合痩せないこともあります。この場合は、有酸素運動で消費カロリーを増やすようにしてください。

ちなみに、「有酸素運動をすると筋肉が落ちる」と言われることもありますが、筋トレを行いながら本書が推奨する正しい食事をしていれば、筋肉が落ちることはほぼありませんので、安心してくださいね。

有酸素運動を行う際も、筋トレはそのまま継続してください。やってはいけないのが、有酸素運動のやりすぎで筋トレのパフォーマンスが落ちること。同日に行う場合筋トレと並行してやるなら？

石本的オススメ有酸素運動

ウォーキング	日常生活やすきま時間に取り入れやすい
踏み台昇降	自宅で行うから雨の日でもできる
水泳やダンスなどお好きなもの	効率は良くないけれどストレス発散に

は、**必ず筋トレを先に行ってくださいね。**

また、有酸素運動は、体力や時間に余裕があるときに行いましょう。

２章でもご紹介した踏み台昇降のほか、ウォーキングもおすすめです。消費カロリーはそこまではありませんが、気軽に取り入れることができます。ひと駅手前で降りて歩いたり、休みの日に散歩したりといったちょっとした積み重ねが地味に効いてきます。

有酸素運動に関してはあまり効率を求めすぎず、自分がやっていて楽しいものを行うという選択肢もあります。

3step!

プロテインは有酸素運動の前に

増量期 Clear
減量期 4
維持期

よく、「筋トレと有酸素運動を同日にする場合、どのタイミングでプロテインを摂取すればいいですか」という質問を受けます。

正解は、筋トレのあと、有酸素運動の前です。プロテインは、筋トレで傷つけた筋肉の修復のために早く摂取したほうがいいのですが、筋トレ後に30分有酸素運動をしてそのあとにプロテインを飲むのでは筋肉への供給が遅くなってしまいますので、**有酸素運動の前に摂取しましょう**。飲食物を胃に滞留させた状態で筋トレをやると気持ちが悪くなる方もいるのですが、有酸素運動程度でしたら負荷が弱いので大丈夫なことが大半です。

筋トレと有酸素運動をセットで行うときは、次の順番が正解です。

いつ飲めばいいの？

プロテイン摂取のタイミング

筋トレ2時間前に糖質（おにぎり1個以上）

▼

筋トレ（1時間以内）

▼

プロテイン

▼

ストレッチしつつ休憩（5分〜10分）

▼

有酸素運動

筋トレはもちろん空腹状態で行ってはダメですが、有酸素運動も、空腹状態で行うと筋肉が落ちやすくなるのでＮＧ。

ただし、有酸素運動の場合は、運動前に摂るのが糖質でなくても大丈夫。このときに便利なアイテムがＢＣＡＡというサプリ。ＢＣＡＡの選び方や飲み方など詳しくはＰ１４５を参照してみてくださいね。

体重を一気に落とすと老化のもとに

私は今までに何百人もの女性の減量を指導し成功させてきましたが、老けずにキレイに痩せる秘訣はゆっくりと痩せることにあると気づきました。

減量中は、体重を月に1・5～3キロずつ落とすことを推奨しています。これは現在の体重が50キロであっても100キロであっても同じです。

これ以上のペースで落としてしまうと、筋肉が落ちやすくなり、二の腕やお腹のたるみが残りやすくなります。筋肉は減ってもまたつけることができますが、一度強めのたるみ感が出てしまうと外科手術を行わないとほぼもとに戻りません。

さらに女性のダイエットの大敵、生理不順も起きやすくなりますので、ゆっくり痩せましょうね。

実は、私が最も得意とするのは短期間での減量指導なので、結婚式が近いなどの、やむを得ない事情があれば月に5キロ以上落とす指導を行うこともあります。ただし、私がつきっきりで食事管理と正しい筋トレ指導を行い、トラブルが起きそうになったらすぐに対処をしています。女性が一人で行う減量の場合はリスクが大きすぎます。

1カ月で10キロ落ちる方も実際にはいると思いますが、その内訳は、体脂肪4キロ、筋肉4キロ、水分2キロあたりが妥当。せっかく筋肉をつけたのに落としてしまうのはもったいないので、体重の落としすぎには気をつけてくださいね。

体脂肪 1kg
を落とすのに
必要なカロリー
＝
7200kcal

∨

筋肉 1kg
を落とすのに
必要なカロリー
＝
1200kcal

筋肉を落として
体重を減らすのは
簡単…
気をつけて！

維持期への移行タイミング

目標体重をクリアしたら、そこでダイエット成功！

ではなく、せっかく減量したので「痩せやすい体」の状態でロックをかけましょう。

維持期へ移行します。維持したい目標体重のマイナス0・5キロから1キロまで落としてから次のステップ、維持期に突入です。

例えば、目標体重が45キロであれば44キロから44・5キロということです。

減量中は食事を制限しているので胃腸の滞留物が少ない状態ですが、**維持期では食事量を増やすので、胃腸の滞留物や体の水分量が増え、0・5キロから1キロくらい体重も増えるのです。**

これは一般に言われるリバウンドではなく、体が「減量モード」から「通常モード」に戻っただけ。体脂肪が増えたわけではありませんのでお気になさらず。

いよいよ減量期から
維持期に！

維持期へ移行するタイミングは？

1
理想の体重
-0.5〜1キロ
になったら

OR

2
着たい洋服が
着られる
ようになったら

維持期へ

3step!

維持期の摂取カロリー

増量期 Clear

減量期 Clear

維持期 2

維持期では、カロリー摂取量を戻しましょう。**カロリー摂取量は、徐々に戻すのではなく、一気に減量直前の摂取カロリーよりやや少なめくらいまで戻しましょう。**これは、減量期に失った代謝と筋肉を取り戻すため。

ここで気をつけたいのが、減量前と同じだけの摂取カロリーに戻すと太る可能性があるということ。

基礎代謝の量は、実は筋肉があるかどうかよりも、体の表面積に比例します。筋肉がぜんぜんない体重100キロの方と筋肉ムキムキの体重50キロの方の場合、基礎代謝が高いのは圧倒的に100キロの方。**ダイエットをして体重が落ちると体の面積も小さくなるので、摂取カロリーを減らさないとカロリーオーバーになってしまいます。**

減量前1500キロカロリーを摂っていた方の場合は、1400～1450キロカロリーくらい、つまり減量前の摂取カロリーよりも50～100キロカロリーほど少なめにして、その後体重が増え続けるようであればさらに摂取カロリーを減らしてください。

また、食べものを咀嚼・分解しエネルギー化するためにはエネルギーが必要となり、消費カロリーが発生します。食べたときに生じる消費カロリーを「DIT」と言いますが、**食事量を戻せば抑えられていたDITの消費カロリーも戻ります。**

筋肉が増えたことによる多少の代謝アップと、運動・食事での消費カロリーが確保できれば、ちょっとやそっとじゃリバウンドしない体になっていますよ。

DITの発生量は食べたものによって異なります！

「肉を食べると代謝が上がる」などといわれているのは、たんぱく質を食べることでDITの消費カロリーが発生し筋肉もつきやすくなるからではないかと思います。

3step!

維持期で太りにくい体をゲット！

維持期に入ったら、2～3週間程度、筋トレを減量期よりも気合を入れて頑張りましょう。ここで、増量期のように本気を出して筋トレをし、カロリーもしっかり摂取してあげると、少なくなった筋肉がV字回復するため、**リバウンドしにくい体を手に入れることができる**のです。ここで初めて、細胞レベルからの体質改善が完成します。

増量・減量・維持は厳密にその順番通りに行わなければならないわけではなく、減量に入ってみて「もう少しお尻の筋肉をつけたいな」と思ったらまた増量期に入ってOKですし、維持期を経てもう少し体重を落としたいと思ったらまた減量してもいいでしょう。手に入れた美しい体をキープするために、筋トレをしてリバウンドしにくい若々しい体を維持してくださいね。

増量期 Clear
▼
減量期 Clear
▼
維持期 3

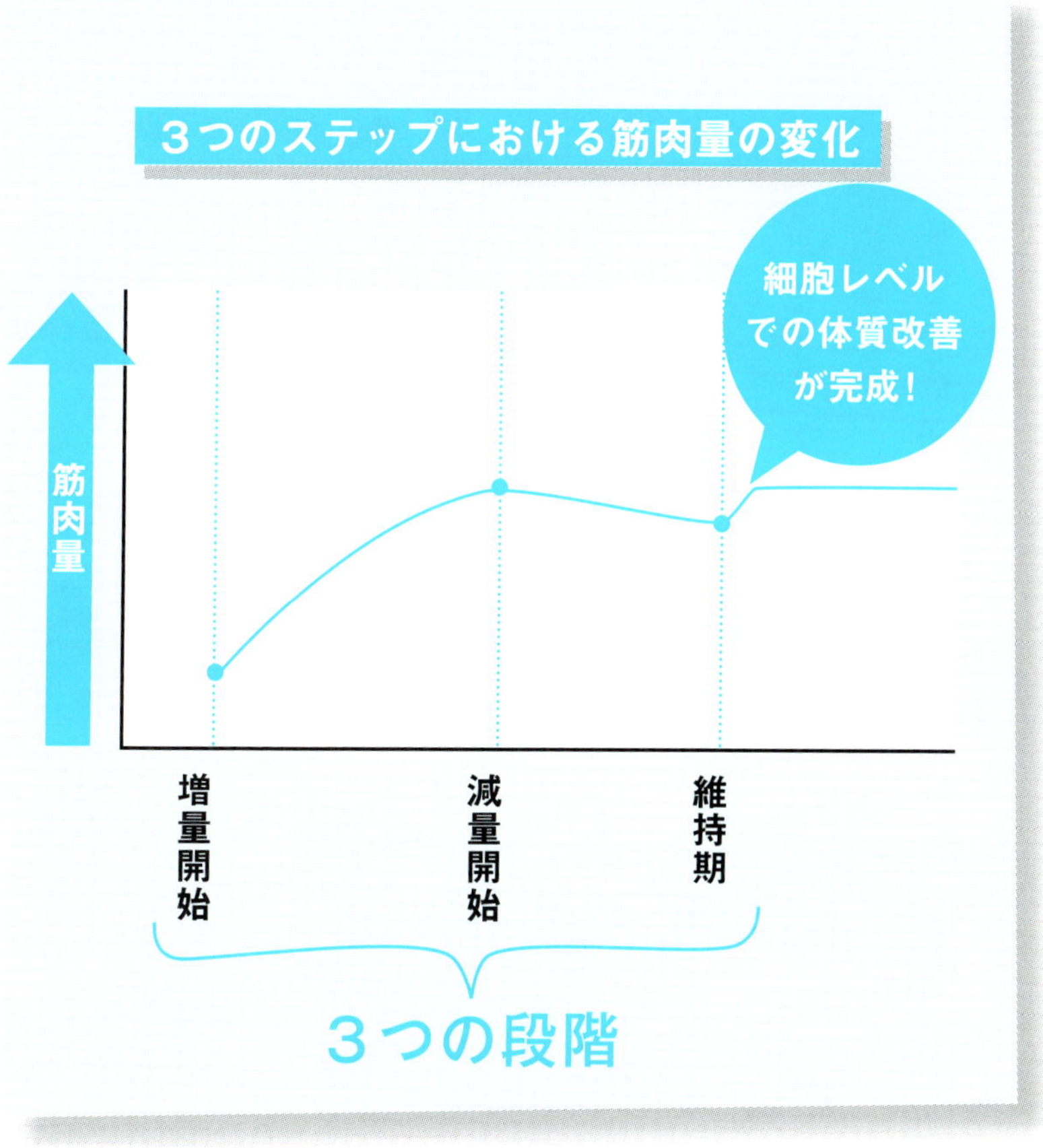
３つのステップにおける筋肉量の変化
細胞レベルでの体質改善が完成！
筋肉量
増量開始
減量開始
維持期
３つの段階

3step!

ダイエットは週単位で取り組もう

増量期 Clear
▼
減量期 Clear
▼
維持期 4

毎日、体重の増減を気にしていたらストレスがたまりますよね。**ダイエットは1日単位で考えずに週単位で考え**、体重の変化を見るときは1週間ごとの体重と体脂肪率の平均を割り出して比較してみてください。

いくら、摂取カロリーと消費カロリーを計算して毎日平均的に体重が落ちるように計画を立てても、1日単位だと増えることもあります。ただ、1週間以上のスパンで見れば数値はかなりの確率で落ちているはずです。

生理や便秘などで体重が増えることもありますが、その期間も体内では確実に体脂肪量は減っており、その時期が終わると帳尻合わせが起きますのでご安心を。

ただ、2週間経っても体重が落ちず、パンツのサイズも変わらない場合は、カロリーの摂りすぎか、運動量が不足している可能性が高いので見直しをしましょう。

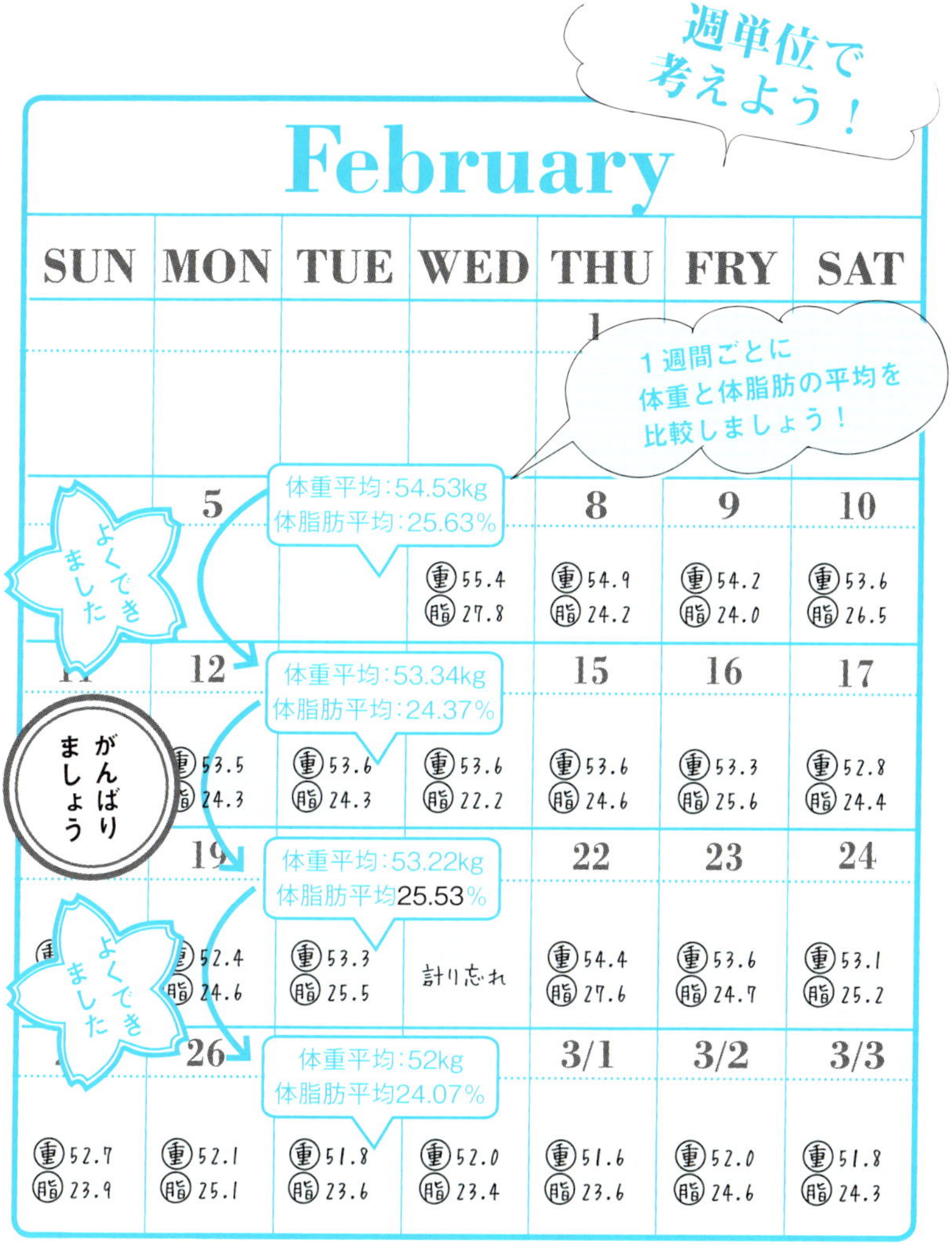
週単位で考えよう！
February
SUN MON TUE WED THU FRY SAT
1
１週間ごとに体重と体脂肪の平均を比較しましょう！
5 8 9 10
体重平均:54.53kg
体脂肪平均:25.63%
重55.4 脂27.8
重54.9 脂24.2
重54.2 脂24.0
重53.6 脂26.5
よくできました
12 15 16 17
体重平均:53.34kg
体脂肪平均:24.37%
重53.5 脂24.3
重53.6 脂24.3
重53.6 脂22.2
重53.6 脂24.6
重53.3 脂25.6
重52.8 脂24.4
がんばりましょう
19 22 23 24
体重平均:53.22kg
体脂肪平均25.53%
重52.4 脂24.6
重53.3 脂25.5
計り忘れ
重54.4 脂27.6
重53.6 脂24.7
重53.1 脂25.2
よくできました
26 3/1 3/2 3/3
体重平均:52kg
体脂肪平均24.07%
重52.7 脂23.9
重52.1 脂25.1
重51.8 脂23.6
重52.0 脂23.4
重51.6 脂23.6
重52.0 脂24.6
重51.8 脂24.3

４０歳Ａさんの体重変化の様子

Column

すべては筋トレのため!筋トレ最優先で

3

ボディメイクの中心は筋トレであるということを忘れずに!

有酸素運動と筋トレを同日に行う場合は、有酸素運動ではなく筋トレを先に行うと言いましたが、これは、パフォーマンスをしっかり維持して力を出し筋肉をつけるため。

疲れた状態でフラフラになりながら筋トレをするくらいだったらいっそのことやらない方がマシです。

何度も言いますが、ボディメイクの主軸は筋トレです!

食事も有酸素運動もすべては筋トレのため、あなたの今後の人生は筋トレを中心に回っているというくらいの意識を持ってください。

食事も筋トレのためにしっかり摂ろう

筋トレと有酸素運動の日を分けるとしても、翌朝筋トレをすると決めているのに前日の夜に有酸素運動をやりすぎてしまうと、翌朝疲れてしまって力が出ないこともあります。

筋トレ前日の夜はぜひゆっくり休んでくださいね。

食事に関しても、「今日はあまり食べていないから筋トレも軽めに終わらせよう」ではなく、頑張ってしっかり食べ、強度の高い筋トレをする。

これが効率よくキレイに痩せるコツです!

Part. 4

筋トレ効果を劇的に上げる食事の仕方

Eating

筋トレ＋食事でさらに効果UP！

筋トレはダイエットに効果的なだけではなく、アンチエイジング効果のある成長ホルモンを分泌させるためやらなきゃ絶対に損です。一方で、筋トレ効果を高めるためには食事も重要。適切な量とタイミングで栄養を摂ることにより筋肉がつくからです。

特に、筋トレ前の糖質と、筋トレ後のたんぱく質はセットだと思って意識して摂取してみてください。Part.2でもお伝えしていますが、**基本は、筋トレ2時間前に糖質を30グラム以上摂り、筋トレ直後にたんぱく質を20グラム程度摂りましょう。**ただし、筋トレ直後に食事を摂るのは難しいと思うので、プロテインからの摂取がオススメ。

たんぱく質は、筋トレのあとだけ摂ればいいかというとそうではありません。筋肉は24時間分解と合成を繰り返しているため、筋トレをしない日も、できれば毎食たんぱく質を摂って「筋肉をつくるもと」を体内に供給することがとても大切です。また、

タンパク質の多い食品

食品名	たんぱく質量	備考
たまご1個(Mサイズ)	7g	糖質ほぼゼロで、栄養価激高
鶏ささみ(100g)	23g	大体2本で100g。たんぱく質しか入っていないと思ってもいいでしょう
鶏むね肉(100g)	23g	ささみと正直変わりません。お好きな方を
鶏もも肉(100g)	16or19g	皮ありなら16g、皮を取り除けば19g。鶏皮はメリットがないのでできれば取り除きたいですね
サバ缶(いなばのひと口さば水煮1缶)	約17g	カロリーに対してたんぱく質の量はそれなりですが、脂質の質が非常に高いので積極的に摂りたい食品です
納豆(1パック40g)	約7g	たんぱく質はそれなりですが、30代以降の女性に摂ってほしいイソフラボンと発酵食品のメリットがあります
魚以外の魚介類(100g)	15〜18g	いかたこえび貝など魚以外は大体これくらいと覚えておくと便利です
しらす(20g)	4.5g	たんぱく質がギリギリ20gに足りないなと思った時にご飯やおひたしなどに混ぜるといいでしょう

たんぱく質は爪や髪をキレイにするためにも欠かせないので、**筋トレをしない日でも1日60グラム以上、筋トレをする日は80グラム以上摂るのがベストです。**

ただし、プロテインに頼りすぎると、例えば、「ジャンクフードを食べたけれどプロテインを飲めばいいや……」などと考えてしまい食事の改善が滞る場合が多いので、できればプロテインは1日1回まで、筋トレをする日は2回までにして、あとはしっかりと食事で補うようにしましょう。

たんぱく質の摂取が少ないと、かなりむくみやすくなるので、意識して量を摂るようにすると劇的にむくみが改善することも多いですよ！

Eating

カロリー計算してますか？

基本的に私の指導では、毎食カロリーとたんぱく質量を計算し、記録してもらうようにしています。

「カロリー計算なんてめんどくさいから嫌」という方もいると思いますが、現在の食事内容やカロリーが分からなければ、対策を練ることができませんからね。

ボディメイクは、増量期、減量期、維持期の3段階で取り組むことが大切だとPart.3ではお伝えしました。**「これくらいのカロリー摂取で、体重があまり変わらないようだ」という明確な指標があれば、減量期に摂取カロリーの目安がわかるので楽です。**

私の指導経験上、日本人女性の場合、1日の摂取カロリーが1500キロカロリーくらいで、体重が変化しない方が多い印象です。1500キロカロリー程度摂取していて体重が変わらなければ、減量期はそれよりも300キロカロリーほど減らせば体

たんぱく質だけでなく
糖質・脂質の多い少ない
くらいは考慮しよう！

意外と違う！カロリーの内訳例

商品名	カロリー（kcal）	たんぱく質（g）	脂質（g）	炭水化物（g）	コメント
日清カップヌードル	353	10.7	15.2	43.4	フライ麺なのでカロリーが高めになりがち。
マルちゃん正麺 豚骨味（袋麺）	349	11.6	6.3	61.4	ノンフライ麺なので脂質が少なく、筋トレ前に食べてもOK。
明星 一平ちゃん夜店の焼そば	604	10.3	28	77.8	インスタント焼きそばはラーメンと違い調味料全てを食べるのでカロリーがバカ高い。
松屋 オリジナルカレー（並）	655	12.5	15	113.6	カレーはどうしても脂質と糖質が多くなりがちでボディメイク中の出番は少ない。
吉野家 牛丼（並）	669	19.4	23.4	95.1	牛丼は意外に脂質が多くたんぱく源としては微妙。
すき家 牛丼（並）	656	20.9	15.6	108.4	吉野家の牛丼に比べると脂質が少なめ。
すき家 牛丼ライト（並）	341	23	19	19.7	米の代わりに豆腐を使用。通常の牛丼より糖質が少ないので筋トレをしない日にはオススメ。
すき家 鉄火丼（並）	562	32.6	2.4	102.7	脂質はなんとたったの2.4g！ ガッツリ筋トレしたい日に最適。
やよい軒 サバ塩焼き定食（十六穀米）	741	37.5	37.7	62.5	カロリーの高さは脂質の多さから。メリットが非常に多い脂質なのでぜひ食べてほしいが、ちょっと多いかな……。
デニーズ サーロインステーキ（単品160g）	571	29.8	43.1	8.6	サーロインやカルビは脂質が多すぎて筋肉もつくけど脂肪もついちゃう。
ファミリーマート ファミチキ（80g）	242	12.2	15.1	14.2	ホットスナックで有名なファミチキ。脂質と糖質が多め。
ローソン からあげクン レギュラー（5個）	222	14.2	14.2	7.9	たんぱく質比率は悪くないので、減量期でなければ食べられます。
セブンイレブン 揚げ鶏（1個）	182	13.8	11.4	7.4	ホットスナックの中では優秀。揚げ物をどうしても食べたいときにはオススメ。

※たんぱく質1g＝4kcal　脂質1g=9kcal　炭水化物1g＝4kcal　※炭水化物＝糖質＋食物繊維　※公式HPより引用

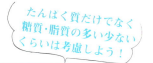

重は落ちるでしょう。ただし、個人差がかなりあるので、自分の代謝を知るためにしっかりと記録しましょう。

また、カロリーをレコーディングすることで、無意識に食べているものを把握しやすくなります。太っている方ほど、自分がどれだけ食べているか意識していないことが多いようです。

私のジムのお客さんでも、「そんなに食べていないのにどうして太っちゃうんだろう」と言う方がいましたが、食事内容を正確に記録してもらうと、「そういえばこのとき、同僚からお菓子をもらって食べたな」とか、「のどが渇いたからジュースを飲んだな」など細かくカロリーを摂取していることがわかりました。

アメや飲み物、調味料のカロリーもだいたいでいいので忘れずに記録するようにしてみましょう。

コンビニ食品であればカロリー表記がありますし、インターネットで「チキンカレー（メニュー名） カロリー」等と検索すればすぐにわかります。最近はカロリー計算に特化した便利なスマホアプリなどもあるので、利用してみてもいいでしょう。

カロリーの記録の仕方の例

2017/10/9

7:00　シリアル+牛乳　354kcal/13.02g

10:00　チョコレート菓子　142.5kcal/2.3g

12:00　おにぎり、肉団子入り野菜スープ　454kcal/19.9g

13〜17:00　あめ、ガム　90kcal/0g

19:00　サバの味噌煮定食　704kcal/29.1g

合計　カロリー:1744.5kcal/たんぱく質:64.32g

▶必ず食べ始めた時間を書きましょう

朝、昼、夜など大体で書くのはやめましょう。朝食を6時と9時に食べるのでは意味が全く異なります。

例えば、12時に昼食を食べた場合、前者は6時間後で、朝食が軽めだとエネルギーが足りず、11時〜12時の間は筋肉に悪い影響を与えています。

後者は3時間後となり、もし朝食が重めだと消化途中、昼食を迎えてしまい、もったいないタイミングでの摂り方になってしまいます。

▶カロリーとたんぱく質のみ記入しよう

脂質や糖質の量まで記録していると面倒くさくて私の指導経験上続かない方が非常に多いです。

ボディメイクに最も影響を与える物は総摂取カロリー・たんぱく質量・脂質の質・糖質摂取のタイミングであり、脂質や糖質の量は影響が少ないです。

Eating

PFC比は少し意識すればOK

筋トレをする人達の間では、「PFCバランスを意識しよう」とよく言われます。

PFCとは、次の3つのこと。

P=Protein（たんぱく質）　…　1グラムあたり4キロカロリー
F=Fat（脂質）…………………　1グラムあたり9キロカロリー
C=Carbohydrate（糖質）　…　1グラムあたり4キロカロリー

これら3大栄養素の比率を意識することがボディメイクでは重要だと言われています。いくら1日の摂取カロリーをしっかり計算したとしても、糖質脂質の比率が高くたんぱく質が少ないと筋肉がつかないためよくありません。総摂取カロリーももちろん重要ですが、その内訳も重要です。

「PFCバランスは4：3：3を意識してください」と厳密に指導する方もいます。

私自身、一時期は比率を重視して指導していたこともあるのですが、カロリーも記録しつつPFCの比率まで計算するのはとても面倒で結局お客様が挫折してしまうことが多かったので、**一般女性の場合はまず「たんぱく質多めの食事」を心がければOK**です。

だからといってサラダチキンやチーズ、卵しか食べないのはNGですよ。腸内環境が悪化して体臭が気になるようになることもあるので要注意。たんぱく質は1日60グラム～100グラムを目安とし、それ以外は、脂質や糖質にまわすようにしましょう。

たんぱく質100グラムは400キロカロリーなので、例えば、1日の総摂取カロリーを1000キロカロリーに抑えている方の場合は、400キロカロリー分はたんぱく質から、残りの600キロカロリーは脂質と炭水化物から摂取するといいでしょう。

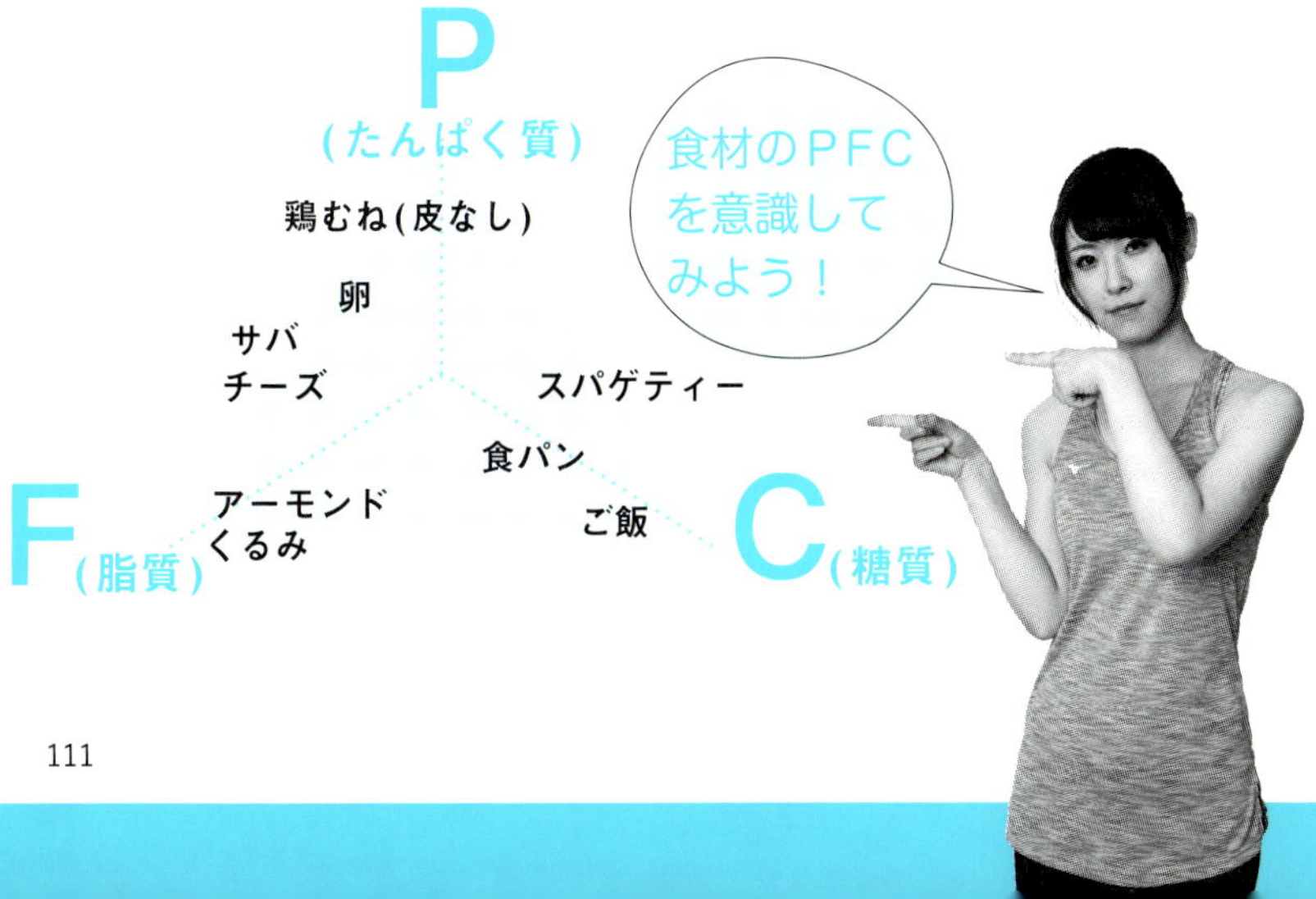
P
(たんぱく質)
鶏むね(皮なし)
卵
サバ
チーズ
F
(脂質)
アーモンド
くるみ
C
(糖質)
スパゲティー
食パン
ご飯
食材のPFCを意識してみよう！

Eating

筋トレ日は「C」を、しない日は「F」を多く摂る

理想的なPFCの摂取比率は、日によっても変わってきます。基本的には、P（たんぱく質）は筋肉や美肌のために欠かせないのでキープしたうえで、筋トレをする日はC（糖質）を、筋トレをしない日はF（脂質）を多く摂ります。

つまり筋トレをする日は白米などの糖質をしっかりと摂り、筋トレをしない日は糖質の量を少なめにしてその分魚や卵などで脂質を摂取できればOKです。

重い荷物を運んだり、仕事で動き回ったりする日は糖質を多少多めに摂ってもいいでしょう。逆に、休日、家であまり動かないような日は糖質を少なめにしても問題ないかと思います。

理想的なボディメイクはメリハリが重要なのです。

よく動く日

あまり動かない日

Eating

食生活改善！ 4ステップ

食事の重要性はおわかりいただけたと思いますが、そうは言ってもいきなり全てを切り替えるというのは難しいですよね。そこで、本書では食事の改善ポイントを4つに絞ってご紹介します。さっそく、どのように食生活を改善していけばいいか、見ていきましょう。

31歳のA子さんは、営業職として働く既婚のＯＬ。朝はパンとコーヒー、昼は同僚や後輩とランチ、夜は夫と家で晩酌をすることが多いという日々を送っています。この日の総摂取カロリーは２２３０キロカロリー。外回りが多く、事務職のＯＬより動き回っているとはいえ食べ過ぎですし、パンやパスタ、ごはんなどの糖質の量がかなり多いようです。

どのように食事を改善していけばいいのでしょうか。

A子さんのある1日の食事例

朝食 Breakfast

食パン1枚＆ピーナッツバター

約300キロカロリー
たんぱく質10グラム

間食1 Snack-1

上司にもらったクッキー1枚

約80キロカロリー
たんぱく質1グラム

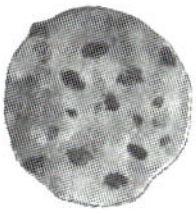

昼食 Lunch

外回りの合間に後輩とイタリアン
カルボナーラ＆コンソメスープ

約800キロカロリー
たんぱく質27グラム

間食2 Snack-2

外回りの帰りにカフェで
新作ドリンクのスモールサイズ

約250キロカロリー
たんぱく質5グラム

夕食 Dinner

ぎょうざ、野菜サラダ、
ごはん、ビール1缶

約800キロカロリー
たんぱく質10グラム

ステップ1　たんぱく質を増やそう

まずはたんぱく質を増やすことだけを考えましょう。いきなり全部変えようとしても難しいですからね。

ここでの食事の改善例は、筋トレをしていることを前提としています。筋トレで効果を出すためにはある程度の糖質と、一定量以上のたんぱく質が欠かせません。

A子さんは明らかに摂取カロリーが多いのですが、だからと言ってやみくもにカロリーを制限しようとするのではなく、**たんぱく質を増やすことで結果的にカロリーが抑えられるようにしていきましょう。**

たんぱく質は、筋トレをする日は80グラム以上、筋トレをしない日でも60グラム以上でしたね。A子さんの場合はどうでしょうか。

昼食ではカルボナーラでたんぱく質量を摂取できていますが、それでも総たんぱく質量は53グラム。摂取カロリーの割に、摂れていません。

肉や魚、卵をできるだけ食事に入れるとたんぱく質の量が増えます。ただA子さんのように外食が多いと難しいので、プロテインを飲む習慣をつけましょう。

最近は、美容目的のためにプロテインを1日一杯飲む習慣をつける女性も増えてきました。プロテインの選び方についてはPart.5でも詳しく紹介していますのでそちらを参考にしてみてくださいね。また、外出先での飲み物を豆乳に変えたり、プロテインバーを間食代わりにしてもいいでしょう。

一方でプロテインばかりに頼っていると、食事改善できない方が多いので、**プロテインは1日1回、筋トレをする日は2回まで**にして、あとはしっかりと食事で補うようにしましょう。食材でたんぱく質が多いのは、お肉やお魚です。大豆や小麦に含まれる植物性たんぱく質は、動物性よりもボディメイクとしての価値は若干下がるので、植物性たんぱく質の比率が高い場合は、やや多めのたんぱく質摂取を心がけてください。

例えばお豆腐や麺類がメインの日は60グラムではなく70グラムを目指しましょう。

良質な脂質は
なんといっても
サバ!!

ステップ2　良質な脂質で、美肌になる！

次は、脂質を意識してみましょう。

脂質は、ホルモンの材料になり、脂溶性ビタミンの吸収率を高める効果を持っています。また女性の健康や美白、美肌にも必要となります。

ただし、そうは言っても脂質は1グラム当たり9キロカロリーとカロリーが高いので、摂りすぎには注意してください。「肌はプルプルだけれどおデブちゃん」になってしまいますよ！

また、脂質は良質なものを摂ることが大切です。私が日頃から超おすすめしているのは、サバ。**サバにはたんぱく質に加え、オメガ3（DHA、EPA、αリノレン酸）のDHA・EPAが多く含まれています。**くるみにも実はオメガ3が多く含まれるのですが、中身は1番効果の低いαリノレン酸100％。

DHAとEPAは、サンマやブリなどほかの魚にも豊富に含まれているのですが、旬の時期か否かで含有量に結構な差があります。しかし、サバは時期によってゴマサバとマサバを使い分けていて年中安定した脂質の質を持っているため、「食べているのに効果がなかった」という事態にならず安心です。サバは最強なのです！

摂取量の目安としては、DHAとEPAを足して1日1・5～2グラム程度でOK。これは、サバであれば半身程度で補えます。

スーパーで生のサバを購入してもいいのですが、もっと**手軽に摂取するために、サバ缶を利用してみましょう。**脂質は、空気に触れることで酸化してしまいます。酸化した脂は体をさびつかせる原因になるのですが、現時点で得られるエビデンスでは、缶詰に勝るオメガ3摂取源がないと言えます。

サバ缶は、味噌煮よりもカロリーが低い水煮のほうが使い勝手がいいかもしれませんね。また、一度缶を開けたら、酸化が進んでしまうので、半分残して後で食べるというのは推奨しません。

A子さんの夕食は餃子でしたが、サバを使用したレシピに変えてみましょう。もし、サバがあまり好きでなかったり、外食が多くどうしても良質な脂質が摂れない場合は、フィッシュオイルのサプリを取り入れてみるのもアリです。

糖質はタイミング
たんぱく質は
量が大事！

ステップ3　糖質摂取のタイミングとたんぱく質の量を意識

続いて、各栄養素の摂取タイミングを考えてみましょう。**朝、昼と糖質を摂って日中しっかり活動し、夜は糖質を抑えめにしてたんぱく質や脂質を摂りましょう。**

筋トレの2時間前に30グラム以上の糖質を摂るのもお忘れなく。ちなみにこれは、筋トレ時に力が出て効果が上がるのはもちろんですが、「糖質をせっかく摂ったんだから頑張らなきゃ！」と思えるという理由も大きいと思います。

たんぱく質は1回の食事で60グラム摂ればいいというわけではなく、毎食20グラム程度ずつ摂取しましょう。筋肉は常に分解と合成を繰り返しているため、時間を空けすぎずにたんぱく質を供給してあげることが大切です。たんぱく質摂取時間が6時間空いたら筋肉によくないと思ってくださいね。

A子さんは、昼食ではたんぱく質を27グラム摂れていますがそのほかのタイミングで不足しているので足さないといけませんね。また、夜にごはんを食べていますが、夜は活動量が減るので、ごはんの量を少なめにしたほうが次の日のむくみを抑えられてオススメです。

また、A子さんの場合は夕食にビールを飲んでいますが、**アルコールを摂取するタイミングは、筋トレ日は避けるようにしたほうが賢明**です。

アルコールは、筋肉を分解したり老化の原因になったりする「コルチゾール」の分泌を促進しますし、筋肉の修復活動のために働いている肝臓に余計な負担をかけてしまいます。

個人差はありますが、せめて筋トレ前の10時間と、筋トレ後2時間は絶対にアルコールを飲んでほしくありません。

私の経験上ですが、お菓子がやめられなかったり、ラーメンが大好きな方よりもダイエットに成功しにくいのが、アルコールをやめられない方です。唯一お酒になにかメリットがあるとすれば、ぜんぜん食欲のない方がアルコールの力を借りて食欲が増すくらいで、ボディメイクにはほぼ害しか及ぼしません。

便秘解消には
食物繊維と
発酵食品

ステップ4　腸内環境を意識しよう！

ラストは腸内環境です。チーズや鶏肉などたんぱく質ばかり頑張って摂取していると、体臭が気になることがあります。これは腸内環境が悪化している証拠。**腸内環境を整えるためには、食物繊維と発酵食品を摂ってあげましょう。**

減量中の女性は食事の摂取量が少なくなり便秘になりやすいので、意識して食物繊維や発酵食品をたくさん摂りましょう。食物繊維に関しては薬局などで売られている、粉末タイプの特定保健用食品を使用するのもいいと思います。

厚生労働省が女性に推奨している量は約18グラムですが、この量を食品だけで摂ろうとすると正直無理です。ですので、少なくとも減量中は、**サプリメントに頼ったほうが体に負担をかけずに済みます。**

食物繊維には水溶性と不溶性があります。片方だけが多いと逆に便秘になったり、お腹の調子を悪くしたりするので、バランスが大切です。

不溶性食物繊維はきのこ類から摂り、水溶性食物繊維は、サプリメントからの摂取が最もバランスよく簡単に摂取できます。サプリメントは「イヌリン」という水溶性食物繊維が安くてオススメですよ。

水を摂ることもお忘れなく。1日1ℓは摂取したほうがいいでしょう。コーヒーやジュースではなく純粋な水を1ℓです。お茶は、カフェインの入っていない麦茶だったらOKです。水は細胞や血液をつくるときに必要ですし、摂取が少ないと便秘になりやすくなります。減量中は食事からの水分が減るため、特に意識してみてくださいね。

便秘の原因は多岐にわたるため、食物繊維と水分をしっかり摂っても治らない場合もあります。そんなときは、キムチや納豆、ヨーグルトなどの発酵食品や、ミネラルなどの摂取も視野に入れてみましょう。

私の周囲で、「オートミールを食べ始めたら便秘が改善した」という声がすごく多いので、オートミールにも注目しています。発酵食品に限らずですが、健康に寄与するものは毎日摂り続けることで体調の改善に効果があるので、自分が続けやすい食べ方を見つけて継続してみてくださいね。

Eating

理想の食事はこちら！

以上を踏まえたうえで、例えば次のページのような食事はいかがでしょう。

朝昼晩しっかりと食べ、2回の間食をはさみながらも、摂取カロリーを抑える食事となっています。合計1500キロカロリー／たんぱく質82グラム。たんぱく質や食物繊維、発酵食品も充分な量が摂れています。

減量期に入ったら、ここから間食のチョコをカットしたり、朝食の豆乳を水に変えたり、夕食の納豆ごはんを納豆のみにすればあっという間に300〜400キロカロリーくらいは削ることができますよ。

理想的な食事例

朝食 Breakfast

オートミール＆豆乳、プロテイン

約３００キロカロリー
たんぱく質３０グラム

間食1 Snack1

同僚からもらったチョコレート

約１００キロカロリー
たんぱく質２グラム

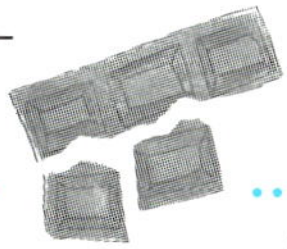

昼食 Lunch

サバの味噌煮定食

約５５０キロカロリー
たんぱく質２０グラム

間食2 Snack2

オイコス(ヨーグルト)

約１００キロカロリー
たんぱく質１０グラム

夕食 Dinner

納豆ごはん(ごはん少なめ)、鶏肉と野菜ときのこの煮物

約４５０キロカロリー
たんぱく質２０グラム

Column

3日間で一時的に細く見せる方法

4

むくみを解消するだけでも細く見える!

3日後にデートで海に行く、突然写真を撮られることになったといった理由で、どうしても急に痩せたい場合もたまにはあると思います。

そんな時のために3日で一時的に細く見えるようになる方法を紹介します。

もっとも重要なのが、むくみの解消。塩分をひかえ、水分の引き込みを抑えましょう。

この3日間のオススメ食材としては、糖質と塩分が少なく、たんぱく質が多い卵や魚、肉など。塩分の過剰摂取は、カリウムを摂ることでカバーすることもできます。

カリウムを効率よく摂るには、トマトジュースや野菜ジュースがオススメです。選ぶ際には、カリウム量に気をつけましょう。200ミリリットルのパックに、最低でも700ミリグラム以上のカリウムが入っているものを探してください。これを、1日2本飲みましょう。

筋トレに必要な糖質ですが、この日だけ細く見せたい! という場合は3日前から糖質をごっそり減らしても問題ありません。

これらを行うことで1日限定で細い体をつくることができます。ただし、体脂肪の量は変わらないので「ここぞ!」というときの必殺技にしてくださいね。

Part. 5

サプリメントを上手に取り入れよう

Supplement

酵素よりなによりまずプロテインを！

最近では「美容にいい」「ダイエットに効く」というサプリメントがあふれています。ありすぎて何を摂ったらいいのかわからない！　という方も多いのではないでしょうか。

まずは、プロテインを毎日飲む習慣をつけてください。**たんぱく質は筋肉をつけたりキープしたりするのに必要なだけでなく、髪や肌、爪にツヤを出すためにも超重要です。**

私は断言します。キレイになりたいならプロテインを飲みましょう！

グリーンスムージーや酵素ドリンクなども流行っていますが、キレイになりたい、痩せたい、ボディメイクをしたいと考える女性にとってはあまり有効なものではない、と考えています。

まずスムージーの場合は、野菜から得られるメリットがそもそも多くないからです。

野菜は栄養が豊富というイメージありますが、実際に含まれるビタミンやミネラルの量はごく少量であることが多いです。旬ではないものや、スーパーで安く売られている野菜は思ったよりも栄養が入っていないというデータがあるのも事実です。

果物を使った場合は、果糖がボディメイクにとってリスクに働く可能性があります。果糖は、ほかの糖質と異なり体脂肪になりやすい代謝経路へと回るからです。

酵素ドリンクはデトックス効果や「痩せやすい体づくり」に欠かせないと言われますが、私の知る限り、信頼できる科学的根拠はありません。

酵素に関しては、お肉を食べたいけれど胃腸が弱くて…という方は、「消化酵素」のサプリを試してみてみてもいいと思います

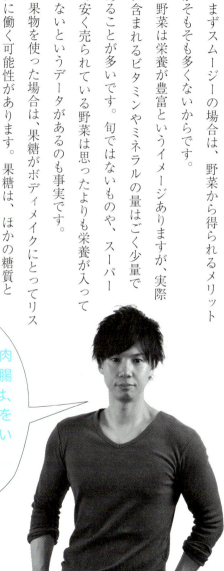

Supplement

プロテインの選び方

プロテインには、たんぱく質を抽出した原料によって多くの種類がありますが、手に入りやすく味もよく女性におすすめできるのは、次の3種類です。

プロテインの種類

WPC

牛乳のたんぱく質のうち20%を占める「乳清」からつくられる。安価で味の種類も豊富

WPI

乳清からつくられているが、乳糖が取り除かれている。少し値段は上がるが、牛乳を飲むとお腹を下す方はこちらが良い

ソイ

大豆からつくられている。ほかの2種類と比べ味が劣るが、最近はおいしいものも増えた。一般的に安価

1番メジャーで選択肢も多い

WPC(ホエイプロテインコンセントレート)

WPCとはホエイプロテインコンセントレートの略で、いちばんメジャーなプロテイン。値段が安く味も豊富で、手に入りやすいので、まずはこれから試してみるのがいいでしょう。

このプロテインの1番のよさは、吸収が早いこと。**2〜3時間で体内に取り込まれるため、トレーニング後すぐにアミノ酸血中濃度を上げたい場合に好んで使用されます。**

100グラムあたりに含まれるたんぱく質含有量は70〜80%。後述するWPIのたんぱく質含有量は90%を超えるものもあるので若干含有量が下がりますが、その分値段も安価です。

ただし、WPCを飲むと、お腹を下してしまう女性も少なくありません。このプロテインには、乳糖、つまりラクトースが含まれていますが、人によっては、ラクトースを分解する「ラクターゼ」が少なく、分解しきれないからです。そういった方は、これ以外のプロテインを選びましょう。

牛乳でおなかを下しやすい人はこれ!

WPI（ホエイプロテインアイソレート）

WPIとはホエイプロテインアイソレートの略。WPCとのいちばんの違いは、乳糖が含まれていないことです。糖質がほとんど除去されているため、たんぱく質含有量は90％を超える商品もあり、優秀ですが、その分WPCよりも値段も上がります。

牛乳を飲んだらお腹を下してしまう、つまり**体内にラクターゼが少ない「乳糖不耐症」であることがわかっている方は、こちらを視野に入れるといいでしょう。**

ただし注意したいのは、WPCを飲んでお腹の調子が悪くなったからといって、必ずしも乳糖不耐症とは限らないということ。もしかしたら、筋トレを始め高たんぱくの食事に切り替えたことで、消化能力が適応できていないだけかもしれません。

1〜2カ月くらいすると胃腸が強くなり、解決することも多いので、最初は1回につき15グラムくらいの摂取からスタートし、様子を見てもいいでしょう。

最近は美味しいものも増えてきた!

ソイプロテイン

大豆からつくられるプロテインです。10年ほど前は、おいしくなくて水に溶けにくいという印象でしたが、最近は味も改善され、溶けやすい商品も多くなりました。また、以前は、ソイプロテインはエストロゲンを多く含むため女性ホルモンのバランスに影響を与えると言われていましたが、いまでは問題のない商品も増えました。エストロゲン様作用を有する大豆イソフラボンは脂質に含まれますが、脂質がほぼゼロの商品が増えたからです。

吸収速度がホエイプロテインに比べて約5~8時間と遅いので、**寝る前や食事の間隔が空いてしまう時などに飲むのにオススメ**です。

筋トレ直後はホエイプロテインを、それ以外のタイミングはソイプロテイン、という使い方もいいでしょう。

Supplement

結局プロテインは味重視で！

そのほか、**カゼイン**、**ヘンプ**、**ビーフ**などのプロテインがあります。

カゼインは、私の指導経験上、便秘になる女性が多いので飲まないほうが無難でしょう。麻の実からつくられるヘンプはそこまで性能がよくなく、牛肉からつくられるビーフは肉臭さが気になる方もいるようなので、積極的におすすめはしません。

プロテインの種類ごとの性能をいろいろ説明しましたが、**ぶっちゃけ、自分が好きな味を選ぶのが1番です。おいしくないと、飲む習慣をつけられないからです。**

味がおいしくて毎日飲みたいと思えるのであれば、たとえ、若干カロリーが高かったり、吸収速度のタイミングに多少のズレがあっても、たいした問題ではありません。プロテインを飲む行為がすでに強烈な効果をもたらすのですから。

プロテインは、ドラッグストアではなくインターネットで探すほうが優れた商品が見つかります。

「プロテイン　オススメ」などで調べてみるといいでしょう。

ボディワーカーの森拓郎さんがプロデュースした「ウェリナ」のシリーズは、人工甘味料が不使用なのにもかかわらず美味です。

２０１７年９月に発売された「黒蜜きなこ味」は、間違いなく女性がハマる味です。

個人的には、ヘンプ&ソイの抹茶味が大好きで結構飲んでいます。

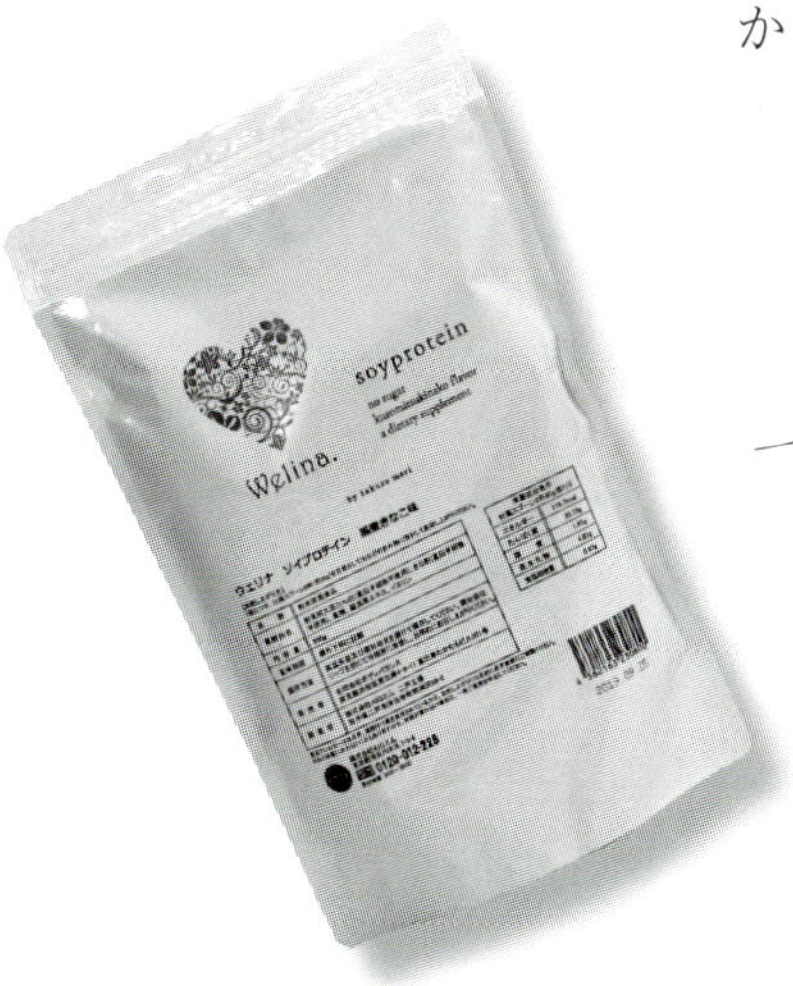

森拓郎さんの通販サイトで購入できますよ

Supplement

ヤバイ人工甘味料に注意

プロテインで気になるのは、人工甘味料。日本で売られているたいていの商品には含まれています。

人工甘味料としてよく使用されているのは、アスパルテーム、アセスルファムK、スクラロースですが、そのなかで最も危険性が高いといわれているのが、アスパルテーム。

ただ、人工甘味料は比較的近年開発されたもので研究データがまだ少ないため、はっきりとしたことはわかっていません。

私自身は、アスパルテームが含まれるゼロカロリーコーラも飲みます。コーラが飲みたいときに、100ミリリットルあたり45キロカロリーもあり、果糖ブドウ糖液糖が大量に含まれている普通のコーラを飲むのか、アスパルテームがほんの少し含まれ美容を気にする女性は要チェック！

石本的美容に良くない成分ランキング！

第1位	**果糖**
第2位	高果糖液糖
第3位	果糖ぶどう糖液糖
第4位	アスパルテーム
第5位	ぶどう糖果糖液糖
第6位	アセスルファムK
第7位	スクラロース

※人工甘味料よりも果糖を摂取する方がデメリットが大だと私は思っています！

るゼロカロリーコーラを飲むのか天秤にかけたときには、私は間違いなくゼロカロリーコーラを選択します。人工甘味料はそこまでこわがるものではない、と思っているからです。

ただし、私はそうしているというだけで推奨しているわけではありませんので、ご自身で判断してみてくださいね。

人工甘味料をどうしても摂取したくない、でもカロリーは抑えたい、という方は、ラカンカエキスやステビアといった天然の甘味料を使用しているプロテインを探してみてください。値段も張りますが、気持ちのうえで安心できるでしょう。

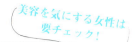

Supplement

プロテインの効果的な飲み方

プロテインに限らずですが、**サプリメントを取り入れる際には「しきい値」が大切**です。これは、例えばプールにコーヒーを一杯入れたところで水の色が変わらないように、ある程度の量を飲まないと効果が表れない、という考え方のこと。

例えば、プロテインの場合は、1回の摂取あたりたんぱく質20グラムがベスト。それより少ないとアミノ酸血中濃度がそれほど上がらないためあまり効果がなく、40グラム摂ったところで効果が倍になることはありません。

プロテインやサプリメントの場合、薬事法の関係で「たんぱく質を20グラム摂ってください」などの具体的な記載ができず、「1回で付属スプーン2杯を目安に」「1日3粒を目安に」などと表記されています。

ここで注意したいのが、**用法・用量の欄に記載されている飲み方だとたんぱく質の**

摂取量が1回あたり20グラムを超えない場合があること。記載を守っていると、17グラムくらいしか摂れないことがあるので、その場合は少し多めの量を飲むなど自分で調整してくださいね。

ただし、これは筋トレ後のプロテイン摂取の場合で、間食時にたんぱく質を20グラム摂らなければならないというわけではありませんよ。朝昼晩の食事のときは、できるだけ20グラムを目指すようにしてください。

最近はコンビニでもプロテインドリンクが売っていますが、コスパが悪いので、**できればプロテインは粉状のものを購入し、自分で溶かして飲むようにしてください**。ただし、たんぱく質は腐敗しやすいので、溶かした状態で持ち歩くのは厳禁。飲む直前に溶かしてくださいね。

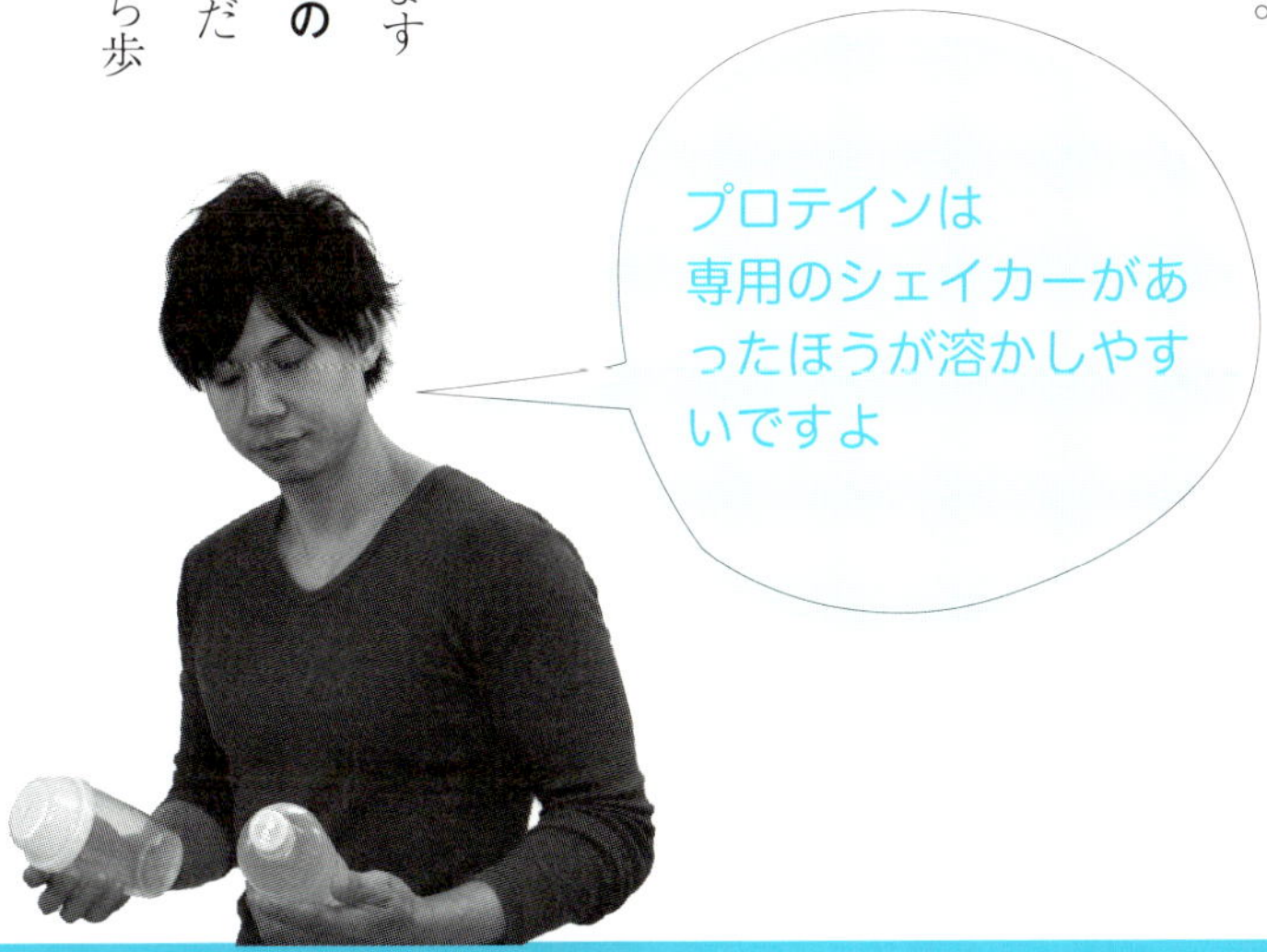
プロテインは
専用のシェイカーがあったほうが溶かしやすいですよ

Supplement

プロテイン以外で効果的なサプリ

今回私がおすすめするサプリメントは、大きく分けて3種類。

健康に寄与するベースメントサプリ、運動のパフォーマンスを上げるエルゴジェニックエイド、アンチエイジングや美容に効くといわれる美容系サプリです。

女性が摂るべきだと考えるのが、ベースメントサプリであるマルチビタミンミネラル、加えて美容に効くビタミンCです。

運動の効果を上げたい場合は、ＢＣＡＡかカフェインもいいと思います。

それぞれのサプリに関して、効果と選び方、飲み方のコツをお伝えしたいと思います。

ビタミンミネラの底上げで不足させない！

マルチビタミンミネラル

たんぱく質や脂質、糖質を代謝するために必要なビタミンミネラル。不足すると、栄養が効率的に体内に回りません。

特に、減量中は食事から摂取できればベストですが、**カロリーを制限しつつPFCも考えながらビタミンミネラルまで考えていると難易度が非常に上がってしまうので、最低でも減量中は飲みたいところです。**

1日1粒目安のものより、1日の摂取粒数が多いものを選んでください。ビタミンBやビタミンCなど水溶性ビタミンの場合は、摂取後2〜3時間で吸収利用され、体内から抜けてしまうからです。

ビタミンA、D、E、Kなどの脂溶性ビタミンは、脂と一緒に摂取することで吸収率が上がります。

このため、マルチビタミンミネラルは問題なければ食事を摂っている最中に飲みましょう。

サプリを飲み慣れていない女性のなかには、「粒がのどに詰まっている感じがして嫌だ」という声もありますが、食事の最中であればそのあとに食べ物を摂るため解消できます。

ただ、マナー上難しい場合もあるので、食事のあとすぐでもいいでしょう。

朝食をプロテインだけで済ませている方は、フィッシュオイルのサプリと一緒にマルチビタミンミネラルを摂ると、単独で飲むよりは若干ですが吸収率が上がります

肌もキレイになるのでぜひ摂って!

ビタミンC

マルチビタミンミネラルにも含まれますが、それとは別に摂取すると効果が倍増します。特にビタミンCとプロテインの相性は抜群。

ビタミンCはコラーゲンの合成を手助けしてくれるため肌のターンオーバーを促進しキメを整えたりハリをもたらす作用がありますが、コラーゲンの素材がたんぱく質、つまりプロテインだからです。**肌をキレイにしたい方はぜひプロテインとビタミンCをセットで摂ってくださいね**。

美容に優れた効果を発揮するビタミンCですが、あまり注目されていないのはなぜかというと、原価が安くメーカーが儲からないから。

値段の高いコラーゲンやプラセンタなどのサプリを売ったほうが利益になるためです。ビタミンCは安価で超優秀なので、摂らないともったいないですよ。

厚生労働省が推奨しているのは1日200ミリグラムですが、これは健康的に生きるための量。

美肌・美髪をめざす女性は最低でも1日1グラム以上を摂ってくださいね。

飲み方は、マルチビタミンミネラルを飲むタイミング以外でできれば1日2〜3回摂取してください。

ビタミンCの効果を出すために最も重要なのは頻度です。飲んでいても効果が出ないよという方はぜひ頻度にこだわってみてくださいね。

はやい方の場合は、飲み始めて3〜4日で肌の変化を実感できますよ

バテにくくなり
筋肉の分解も
防ぐ!

ＢＣＡＡ

必須アミノ酸であるバリン、ロイシン、イソロイシンの総称。本格的に筋トレをしている方はみなさん摂っているくらい、メジャーなサプリメントです。

このサプリメントが真価を発揮するのは、減量時。減量中でカロリー摂取量が少ないトレーニング時も、バテにくくなります。また、有酸素運動時に筋肉の分解を防ぐ効果もあります。私が行う指導でも、**減量中のＢＣＡＡは必須**としています。

ＢＣＡＡは、粒状と粉状の製品があります。運動中の水分摂取を兼ねることができるので、粉状のものを水に溶かして飲むことをおすすめしています。

飲み方は、ＢＣＡＡ１回の摂取あたり５グラムを、お好きな量の水に溶かし、運動を開始する５分から15分前に一気に４分の１を飲み、残りはちょびちょび飲みながら運動が終わる５分前に飲みきるようにしましょう。

筋トレ前の糖質が摂取できないときに！

マルトデキストリン

マルトデキストリンとは、運動時に最適な糖質のサプリメントのこと。

増量中で食事からカロリーを摂取するのが大変な場合は、マルトデキストリンをプロテインに混ぜたり、運動中の水分摂取用の水やＢＣＡＡに混ぜるのもオススメです。

また、筋トレ２時間前の糖質摂取ができなかった際に、筋トレを始める30分前から筋トレ終了５分前にかけてちょびちょび飲むのもＯＫです。ただし、筋トレ２時間前の糖質摂取よりは効率が落ちるので、苦肉の策だと考えてください。

ＢＣＡＡとマルトデキストリンをセットで摂ろう！

やる気が出ないときはこれ！

カフェイン

カフェインは、2004年までオリンピックでドーピング指定されていました。それほど覚醒作用が強いため、筋トレをしたいけどいまいちやる気が出ない、というときに用いると元気になれます。

脂質の代謝も多少は促しますが、おまけ程度なのでこちらは期待しないほうがいいでしょう。

ただし、**カフェインは「やる気の前借り」**であり、覚醒後は反動で疲れます。明日は休みでゆっくりできるけれど、どうしても今日だけは頑張りたい、というときに用いるといいかもしれません。

カフェインの「しきい値」は100ミリグラム。この量を超えることで初めて効果を発揮します。

商品によって差がありますが、コーヒーを1杯飲んでも50ミリグラム程度の場合が多いので、2杯以上飲んだほうがいいのですが、筋トレ前に飲むとお腹がちゃぷちゃぷしてしまうので、ドラッグストアなどで無水カフェインのエスタロンモカを購入して飲むといいでしょう。

運動の15~30分前に100ミリグラム以上摂取しましょう。上限は200ミリグラムです。

エナジードリンクでは、私の場合はカフェインの含有量が多く味もおいしい「モンスターエナジー」の、白色「ウルトラ」をよく飲んでいます。

ただし、普段からカフェインを常飲している方は、筋トレ前にカフェインを摂っても効果を感じないことがあります。カフェイン耐性ができているからです。そういった場合は普段のカフェイン摂取量を抑えるようにしましょう。

筋トレ前に飲むなら
無水のものが
オススメです!

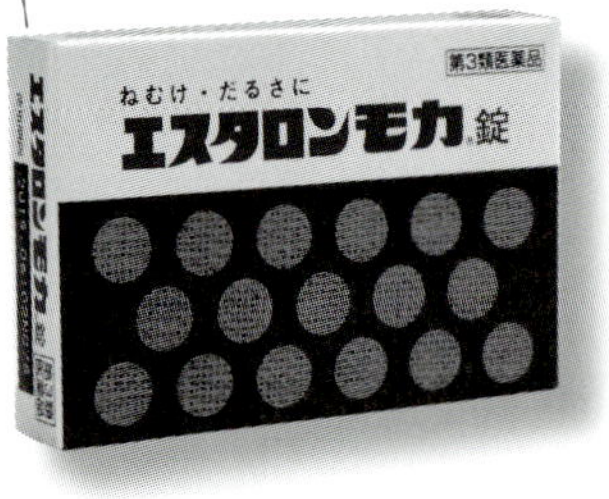

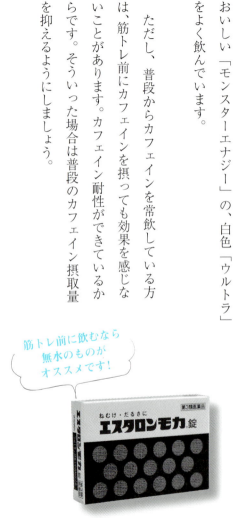

ベストタイミングはいつ??

減量中女性の1日のサプリメント摂取例

7:00	朝食時	プロテイン フィッシュオイル マルチビタミンミネラル
10:00	なんでもないタイミング	ビタミンC
12:00	昼食の直後	マルチビタミンミネラル
15:00	間食	ビタミンC
17:00	筋トレ前	マルトデキストリン
17:30	筋トレ開始	マルトデキストリン BCAA
18:30	筋トレ終了	プロテイン
20:30	夕食の直後	マルチビタミンミネラル フィッシュオイル

サバを食べるときは、フィッシュオイルは摂らなくてもOK!

マルチビタミンミネラルの摂取タイミング以外で飲もう

筋トレ前にどうしても糖質が摂れないときはマルトデキストリンを!

水分摂取のタイミングでも、ちょこちょこ摂ろう

Supplement

サプリはあくまで補助という意識は忘れずに

筋トレを始めた女性は、これまでお伝えしてきた通り、プロテイン、マルチビタミンミネラル、ビタミンC、もっと頑張りたかったらＢＣＡＡかカフェインを摂取すればＯＫ。

逆に、食欲がなくてあまり食事が摂れないときも、これらのサプリで最低限の栄養が摂れていれば健康被害を最小に抑えることができます。

これ以外のサプリメントは、ご自身の食生活や希望にあわせてプラスするといいでしょう。魚を食べない方はフィッシュオイルを、**もっと美白をめざしたい女性は「Ｌ－システイン（シスチン）」を用いるのもいいと思いますよ。**

もちろん、サプリは食事の補助なので、基本的には食事から栄養を摂るという意識は持ってくださいね！

石本的サプリランキング

ベースメント編

第1位	マルチビタミンミネラル	必ず飲むべきサプリ！ 他のサプリの効果も高めてくれる
第2位	カルシウム・マグネシウム	骨の素材になるので筋トレをするなら必須
第3位	フィッシュオイル	青魚を食べる習慣があればなくて良い
第4位	ミルクシスル	肝臓保護に最高の効果あり お酒をよく飲むならオススメ!
第5位	亜鉛	マルチビタミンミネラルに追加で飲もう

エルゴジェニックエイド編

第1位	BCAA	増量期・維持期では、あまり価値がないが、減量期では恐ろしいほどの破壊力を持つ
第2位	カフェイン	メリットも多いがデメリットもあるのでご利用は計画的に
第3位	マルトデキストリン	筋トレ2時間前の糖質が摂れない方や増量中でのカロリーアップに
第4位	クレアチン	どうしても筋肉がつきにくい場合は検討の価値あり ただし常時むくんだ感じになる女性も少なくない
第5位	HMB	筋肉がつきやすくなると言われるサプリ

美容編

第1位	ビタミンC	これほど安くて効果のあるサプリも珍しい キレイになりたいなら必須のアイテム！ プロテインとの相性も抜群
第2位	L-システイン(シスチン)	美白好き女子には欠かせないサプリ
第3位	プロバイオティクス	腸内環境を改善すれば間違いなく肌がキレイになります

Column

「体脂肪が燃えやすくなる」にだまされちゃダメ!

5

特保でも効果はほぼなし!

よく、「体脂肪が燃えやすくなる」というドリンクや健康補助食品もありますが、誤差レベルに過ぎません。

特保も同様です。特保というと、「国が認めた効果のあるもの」というイメージがあるかもしれませんが、多くの方が思っているような効果はほぼありません。そもそも、これだけメタボが社会問題になっているなかで、劇的な効果が証明されていれば医薬品に指定されているはずです。

こういったものを摂取するよりも、普段の食生活をしっかりと見直し、これまでに紹介したサプリを正しく飲んだ方が賢明です。

どうせ摂るならサバのほうがオススメ

ちなみに、サバに含まれるEPAは、生活習慣病の原因となる「血栓」の生成を防いだり、血液中の中性脂肪や悪玉コレステロールを減らしたりするなどあまりにも効果がすごすぎるため、医療用医薬品に指定されています。

「脂肪の吸収を抑える」「食べたことをなかったことに」系のサプリもほぼ効果がありませんし、「バストアップに効果的」などといわれるものは効果がないばかりでなく、ホルモンバランスが崩れる可能性があるので摂取はおすすめしません。

Part. 6

ヘルシービューティに役立つ美容食！

Beauty Food

効果的な食材を食卓に！

このPart.6では、私が食事指導をするなかでいつもおすすめしている、ボディメイクに有用な次の食材を紹介したいと思います。

オススメ食材
不動の
No. 1

【サバ】 リスクなしの最強食材！

Part.4でも触れましたが、DHA、EPA、αリノレン酸の総称である「オメガ3」は、健康と美容のために摂取したい脂質。血液をサラサラにしたり、炎症を抑えることでニキビや肌荒れが改善したという報告もあります。

EPAとDHAは青魚に、αリノレン酸はナッツ類、特にくるみに多く含まれます。

オメガ3のなかで、美ボディに最も貢献してくれるのがEPAで、次にDHA、α

リノレン酸と続きます。

せっかくなら、貢献度の高いＥＰＡやＤＨＡを摂りたいところですが、ここで私がおすすめするのはサバ。

サンマやぶりなどほかの魚にもこれらの栄養素は豊富に含まれているのですが、旬の時期か否かで含有量に結構な差があります。

しかし、サバは時期によってゴマサバとマサバを使い分けていて年中安定した脂質の質を持っているため、「食べているのに効果がなかった」という事態にならず安心です。

ただし、オメガ３は酸化しやすいというデメリットがあります。酸化が進むと、優れた効果もなくなってしまうので、空気に触れないうちにできるだけ早く体内に取り込んだほうがいいのですが、私が知る限り、**オメガ３を最も酸化していない状態で摂れるのが、サバ缶からの摂取**です。

ここでは、管理栄養士が監修したサバ缶のレシピを紹介します。手に入りやすい２種類のメーカーのもので、味噌煮缶ではなく、カロリーの低いサバの水煮缶を使用しています。

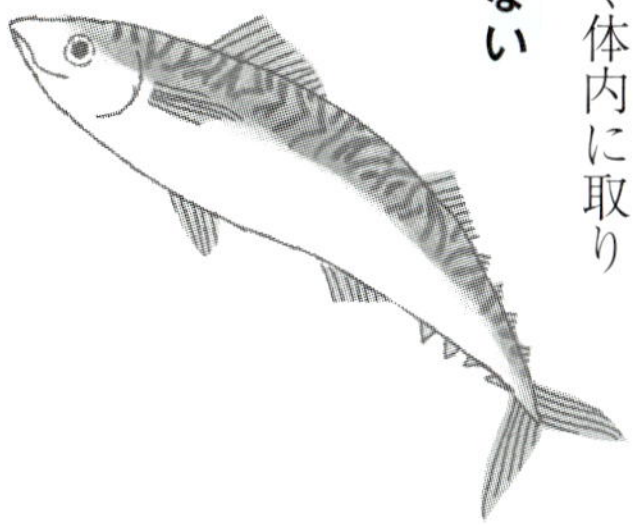

recipe-1
サバと白菜と豆腐の中華煮

1人当たりのカロリー:129.6kcal／たんぱく質:13.8g／脂質:7.1g／炭水化物:2.2g

しめじで食物繊維が摂取でき、食べ応えもあり

材料:2人前

サバ缶…………… 1缶
(いなば食品ひと口さば水煮)
豆腐(絹)………… 200g
白菜……………… 4〜5枚
しめじ…………… 半株
しょうが………… 適量
水………………… 300ml
鶏がらスープの素 大さじ1
(醤油または塩)

<つくり方>

1. 白菜は好みの幅に、豆腐は8等分くらいに切る。しめじは食べやすいように分ける。
2. しょうがは薄切りかすりおろしにする。
3. 鍋に水を沸騰させ、材料をすべて入れ、鶏がらスープの素を適量加える。(サバ缶の液は全量使用してます)
4. 好みで醤油または塩を加える。缶詰とスープの素に含まれる塩味でも美味しくいただける。

recipe-2
サバ缶の大根おろしのせ

1人当たりのカロリー:74kcal／たんぱく質:4.8g／脂質:4.4g／炭水化物:3.6g

大根おろしには消化酵素も含まれています

材料:1人前

サバ缶…………… 身30g
(伊藤食品美味しい鯖水煮)
大根おろし……… 60g
(直径11cmの厚さ2cm分)
ポン酢…………… 3g

<つくり方>

1. 大根をおろしてポン酢をあわせる。
2. サバ身の上におろしをのせる。

recipe-3

サバの野菜トマトスープ

1食分でカリウムが約1000mg摂れるのでむくみ対策に

1人当たりのカロリー:190.1kcal／たんぱく質:17.8g／脂質:7.8g／炭水化物:15.7g

材料:2人前

サバ缶…………… 1缶
(いなば食品ひと口さば水煮)
トマトジュース… 200ml
(伊藤園理想のトマトジュース使用)
セロリ…………… 1本(100g)
キャベツ………… 小1/4(100g)
舞茸……………… 1株(100g)
パプリカ………… 1個(50g)
玉葱……………… 中1/2(100g)
水………………… 500ml
(スパイス ……… ローズマリー、オレガノ、パセリ、胡椒などお好みで)

<つくり方>

1. すべての野菜を食べやすい大きさに切る。
2. 鍋に水を沸騰させ、材料をすべて入れて野菜が柔らかくなるまで煮込む。(サバ缶の液は全量使用しています)
3. お好みで胡椒やスパイスを加える。

recipe-4

サバのカレーチーズ焼き

1人当たりのカロリー:226kcal／たんぱく質:16.2g／脂質:16.1g／炭水化物:3.6g

クミンシードには胃腸の調子を整える作用も

材料:2人前

サバ缶…………… 身100g
(伊藤食品美味しい鯖水煮)
ピザ用チーズ…… 5g
カレー粉………… 一振り
クミンシード…… 一振り
(なくても良い)

<つくり方>

1. サバ身にピザ用チーズをかける。
2. カレー粉、クミンシードを振ってオーブンやグリルで焼く。

とにかく簡単
低コスト

recipe-5

サバと小松菜の和え物

1人当たりのカロリー:73.6kcal／たんぱく質:8.9g／脂質:4.1g／炭水化物:0.2g

材料:小鉢2皿分

サバ缶…………… 1缶
(いなば食品ひと口さば水煮)
小松菜…………… 4束
醤油……………… 小さじ1/2
ごま少々

<つくり方>

1. 小松菜を茹で4～5等分にカットする。
2. 容器にサバ缶と茹でた小松菜、醤油を入れ混ぜる(サバ缶の液は半量ほど使用しています)。
3. 小鉢に盛ってごまを振って完成。

recipe-6

中華風サバ焼き

長ねぎは焦げやすいので注意して!

1人当たりのカロリー:235kcal／たんぱく質:15.5g／脂質:16.7g／炭水化物:5.4g

材料:小鉢2皿分

サバ缶…………… 身100g
(伊藤食品美味しい鯖水煮)
長ねぎ…………… 20g
醤油……………… 6g
酒………………… 4g
ごま油…………… 2g
エリスリトール… 7g

<つくり方>

1. 長ねぎをみじん切りにする。
2. 調味料と和え、レンジで加熱する(そのままだとエリスリトールがジャリっとするので)。
3. サバ身にレンジ加熱した長ねぎのたれをかける。
4. 3をオーブンや魚グリルで焼く。

相性も抜群の
発酵食品が
一緒に摂れる!

recipe-7

サバと納豆とキムチのひっぱり麺

1人当たりのカロリー:244.2kcal/たんぱく質:23.2g/脂質:2.2g/炭水化物:12.5g

材料:1人前

サバ缶…………… 1缶
(いなば食品ひと口さば水煮)
蒟蒻麺…………… 1人前
納豆……………… 1/2パック(25g)
麺つゆ…………… 大さじ1
キムチ…………… 適量
小ねぎ…………… お好みで

<つくり方>

1. 蒟蒻麺を軽く洗う。温かい麺にしたい場合は茹でる。
2. 麺つゆを適量の水で薄めかけつゆをつくる。
3. 材料をお皿に盛り付けて完成。

recipe-8

サバのあら汁風味噌汁

しょうがを
入れれば体も
温まる!

1人当たりのカロリー:152kcal/たんぱく質:9.5g/脂質:7.7g/炭水化物:11.3g

材料:2人前

サバ缶…………… 50g(汁含む)
(伊藤食品美味しい鯖水煮)
水………………… 100g
味噌……………… 12g
人参……………… 30g
大根……………… 60g
しめじ…………… 30g
長ねぎ…………… 10g

<つくり方>

1. 野菜類を食べやすい大きさに切る。
2. 鍋に水と野菜を入れて火にかける。
3. 野菜が柔らかくなったらサバ缶と味噌を入れて完成。
4. お好みでしょうがをすりおろして入れてもOK。

キレイになりたいならぜひ食べてほしい！

【卵】たんぱく質とビタミンミネラルが豊富！

完全栄養食といわれる卵は、Mサイズ1個で約70キロカロリー。たんぱく質が約7グラム、脂質が約5グラムで、糖質はほぼゼロなのでいつ食べても問題ありませんが、あえて言えば糖質を摂りたくないタイミング、つまり筋トレをしない日や、寝る前がオススメです。

以前は、卵のコレステロールによる健康への影響が懸念されていましたが、2015年4月の厚生労働省の発表で、コレステロールの摂取制限が撤廃されたため、安心してたくさん食べられるようになりました。

コレステロールを多く含む食品を食べても、血中のコレステロール値に影響せず、血中のコレステロールの濃度は生活習慣が関係していることがわかったのです。

このため、**卵は1日に2～3個食べてもまったく問題なく、むしろ推奨したい食材となっています。**

卵は生よりも加熱したほうが健康に良いとされており、半熟以上に茹でたり焼いたりして食べるのがいいという見解もありますが、ただ、正直、調理法によってそこまで差があるわけでもないので、お好きなように食べてくださいね。

卵に含まれるコレステロールは、女性ホルモンや細胞の材料にもなりますし、ビタミンミネラルも豊富なので増量期や維持期はもちろんですが、特に減量中の女性は1日2個を目安に摂取したほうが、健康的にキレイに痩せる確率が倍増します！

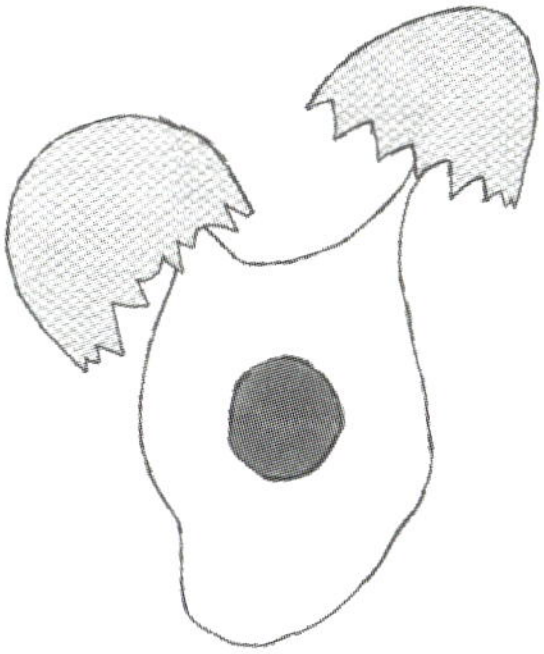

食べ方の工夫次第で美味しく便秘解消

【オートミール】便秘改善報告多数！

正直なところ、栄養素を見ると言うほど食物繊維やビタミンミネラルが豊富というわけでもないですし、ＧＩ値が低くてもそこまで評価するものではないと私は思っています。

しかし、リアルな声としては**便秘が改善した、体調がよくなったという報告も多く、**まだ解明されていない優れた能力があるのではないかと感じてます。

オートミールは水やお湯でふやかして食べますが、それだけではおいしくないので、自分でアレンジ方法を見つけてみてくださいね。鶏がらスープやコンソメスープで戻したり、ミックスナッツで食感を加えたり、クッキーにして食べている方もいるようです。

私も、ここ数カ月は毎日、朝食にオートミールとプロテインを摂っています。以前はオートミールの味があまり好きではなかったのですが、水をかけてレンジでチンして豆乳と少量のオールブランを入れるとおいしくなったので、今では気に入って食べています。もちろん体調もすこぶるいいです。

オートミールは、輸入食品店やインターネットで購入できます。アメリカの「Quaker」というメーカーのものが私は好きでよく食べています。

特にお湯をかけるだけ、もしくは水を入れてレンジで1分チンするだけで食べられる「Quaker」のインスタントオートミールの「メープルブラウンシュガー」は甘くて美味なため、甘いものが好きな女性にはオススメ。1食ごとに個別包装されているのもうれしい点です。

ちなみに、オートミールやオールブランの糖質は朝食や昼食で摂取するのがオススメ。筋トレ前は、GI値が低いこれらの食品ではなく白米がベストです。つまり、筋トレ前以外の糖質摂取は全てオートミールにしてもかまいません。

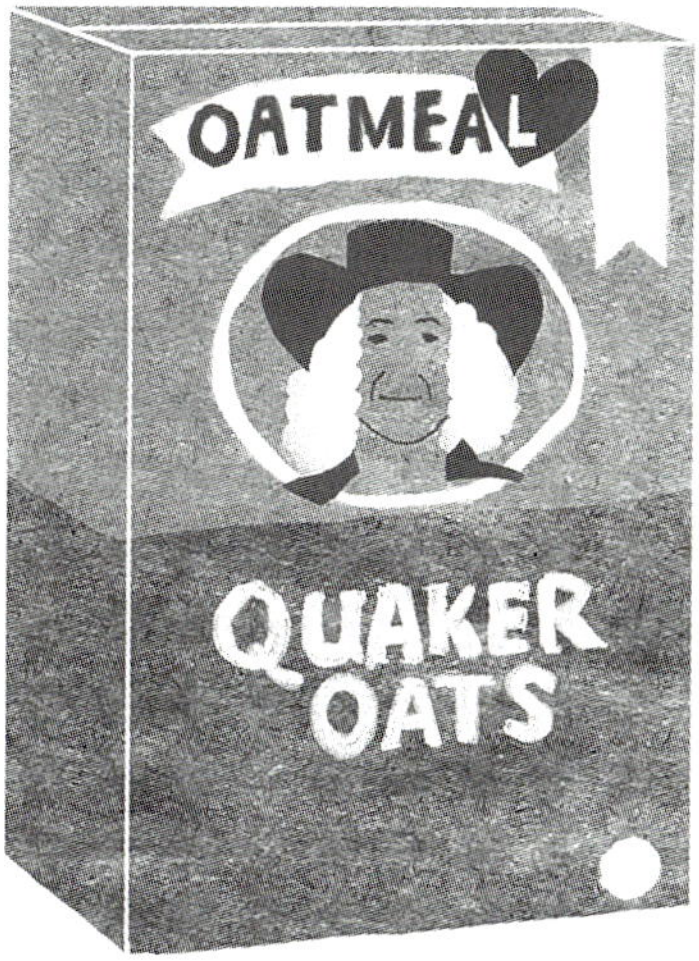

食物繊維が
多くて
低カロリー

【きのこ類】　不溶性食物繊維が豊富！

便秘が改善しない人、腸内環境をいまより整えたい人は、きのこ類の摂取をおすすめします。


食物繊維は不溶性と水溶性を両方摂ることが大切です。

水溶性食物繊維は食物からの摂取だけでは不足しがちなので、サプリで上乗せしてみてくださいね。なかでも「イヌリン」は評判がいいですよ。

不溶性の食物繊維の摂取源としてオススメなのが、きのこ類。不溶性の食物繊維が豊富なうえに低カロリーなので、キレイに痩せるために取り入れたい食材です。


きのこを食べたからといって筋肉がつくわけではありませんが、特に減量中の女性は食物繊維が少なく便秘になりがち。

腸内環境が悪くなるとお腹が張ったりしてストレスにつながりますし、肌も荒れるので、意識してきのこを摂取するようにしてくださいね。

きのこであれば種類はなんでもいいですよ。いつもスッキリとしたお腹でいられるように、好きなきのこを食卓に取り入れてみましょう。

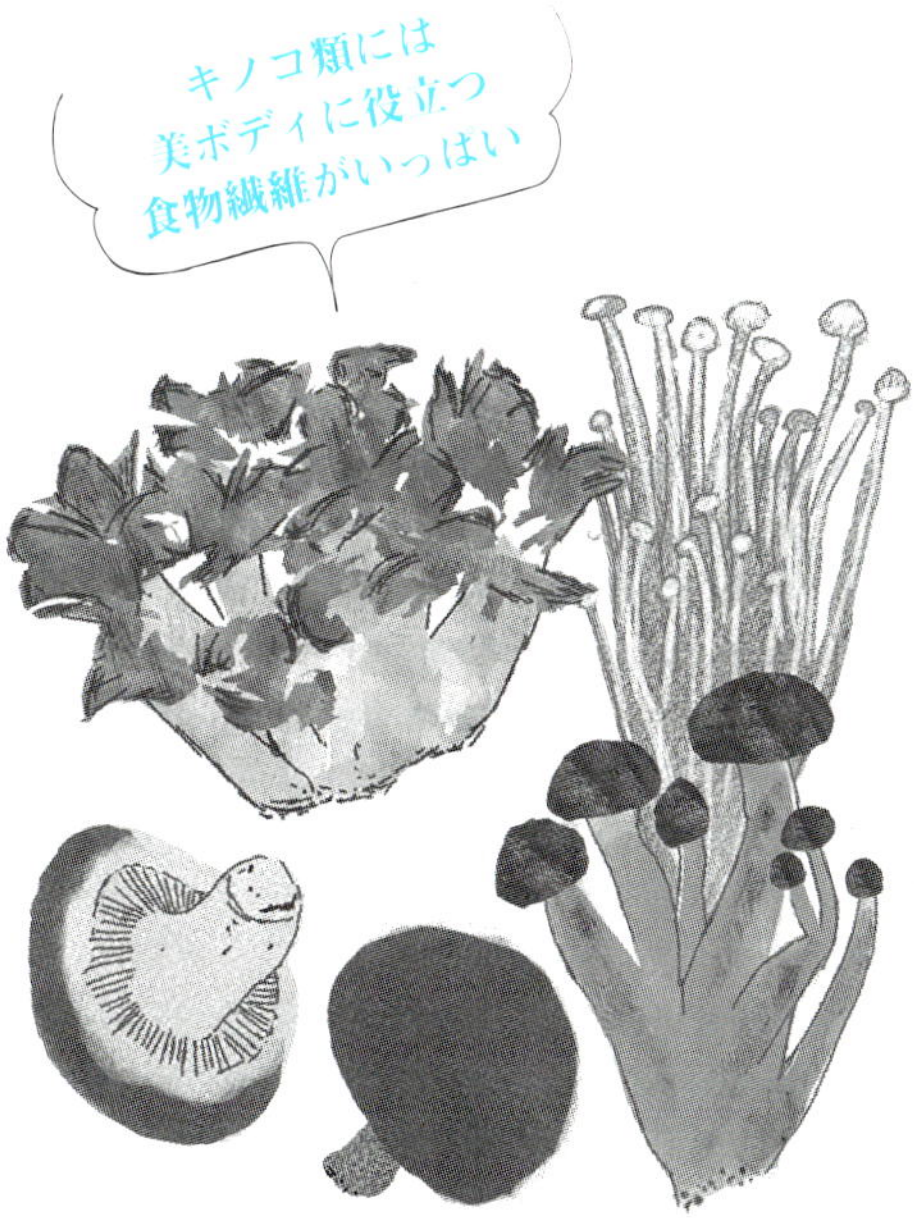
キノコ類には
美ボディに役立つ
食物繊維がいっぱい

女性ホルモン減少に対抗しよう

【納豆】イソフラボンが摂れる発酵食品

大豆製品は植物性たんぱく質なので筋肉をつけるための価値は若干低めですが、大豆製品が優れているのは、イソフラボンが含まれていること。

女性は30代から明確に女性ホルモンが減少し始め、女性らしい体型を維持しづらくなり、背中や内臓に脂肪がつきやすくなってしまいます。女性ホルモンと似た働きを持つ大豆イソフラボンを摂取することで、これらを防ぎ、魅力的な体づくりを手助けしてくれます。

イソフラボン摂取でオススメなのが、納豆。発酵食品のため、腸内環境を整えてくれるという利点があるからです。

ちなみに私も、ほぼ毎日納豆にブロッコリースプラウトを刻んでかけて食べています。ブロッコリースプラウトは単に味が好きでオシャレなので納豆にかけているのですが、抗酸化作用があるとも言われており、若々しくいたい女性はブロッコリースプラウト納豆の摂取をおすすめします。

ただし、イソフラボンで気をつけたいのは、摂りすぎもよくないということ。**納豆であれば1日2パックまで、豆腐なら1丁まで、豆乳なら200ミリリットル2パックまでにしてください。**ホルモンバランスが崩れ、生理不順になったりする可能性があります。

Part.4でも説明しましたが、以前はソイプロテインに含まれるイソフラボンについて懸念されていましたが、最近はイソフラボンをほとんど含まない商品もかなり増えました。

ちなみに、おすすめした森拓郎さんが監修するプロテイン「ウェリナ」の「黒蜜きなこ味」の場合も、含まれるイソフラボンはきなこの分のみなので、心配いりません。

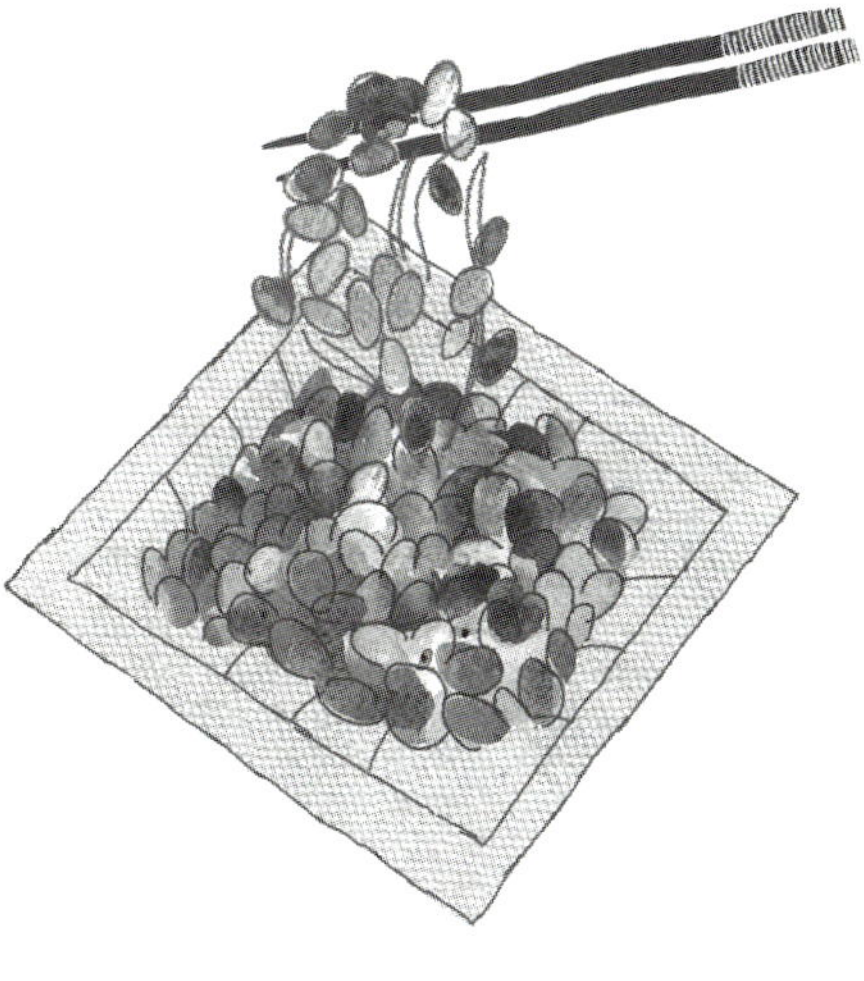

Column 6

「牛乳は体に悪い」は本当か?

牛乳だけでは骨を強くできない

カルシウムを摂って骨を強くしようと、牛乳を頑張って飲んでいる人もいるかもしれませんが、私は特におすすめはしていません。

骨の形成の際、カルシウムとマグネシウムとリンを2：1：2の比率で摂取することが重要なのですが、牛乳単独だとマグネシウムが不足してしまうのです。

骨を強くするためには、肉や魚をしっかり食べ、補助でカルシウム・マグネシウムがセットになったサプリを摂りましょう。

亜鉛が入っているとより効果があると思います。

ちなみに、リンは普通の食生活を送っていれば足りなくなることはないので、あえて摂る必要はありません。

骨の形成のためには筋トレも重要。たんぱく質をしっかり摂って、骨も強くしてあげてくださいね。

ちなみに同じ乳製品のヨーグルトは腸内環境を整えるため、ぜひ毎日の食卓に取り入れていただきたい食べ物です。

納豆やキムチといった発酵食品を毎日食べていればヨーグルトは必須というわけではありませんが、ヨーグルトのほうが食事メニューに取り入れやすいという点で優れています。タンパク質も少し摂れますしね。

Part. 7

こんなときどうする？ Q&A

Q・いまはジャンクフードが中心で、さらにときどき過食してしまいます。何から変えればいいのでしょう……。

A・まずは体にいいものを摂ってください

ジャンクフードがなぜよくないかというと、カロリーの割に体にいい成分が少ないこと。ですので、まずは体にいいものをしっかり摂ることから始めてみましょう。どういった食材がボディメイクに向いているかはPart.6を参考に。ここに登場するサバや卵、きのこ、発酵食品を日常的に摂取してみてくださいね。

筋トレの習慣を持ち、少しずつでも健康的なものを取り入れていけば、ジャンクフードを食べたいという欲求が減る可能性が高いと思います。

私の指導でも、過食をしてしまう女性に対しては「それ食べちゃダメ！」とは言わず、体にいい食事をすすめるだけにしています。すると、いつの間にか過食が直るケースが多いです。

Q．おやつは絶対に食べてはいけませんか？

A．ストレスがたまるならスイーツもOK！

女性の場合は、おやつのスイーツを楽しみにしている方も多いと思います。おやつを我慢することでストレスがたまりコルチゾールが発生するくらいならば、無理してやめなくてもいいですよ、と私は言うことにしています。

先ほどの過食の話でも触れましたが、おやつを減らそうとするのではなく、体にいいものを食事に取り入れましょう。そうしていると、私の指導経験上、甘いものを食べる頻度が減る女性が多くいます。

甘いものは、脂質の低い和菓子のほうがリスクは少ないのですが、好きだったら洋菓子を食べてもいいですよ。その分、筋トレを頑張ってみてくださいね。

筋トレをする日は、何もしない日に比べて圧倒的に食べたことによるリスクが下がります。筋トレ前に食べれば、筋トレのエネルギーに回すことができますし、筋トレ後は血糖値が上がりにくいので、ほかのタイミングで食べるよりも脂肪になりづらいのです。ですから食べたいおやつがあるなら筋トレの日に回しましょう。

食べ物にまつわるQ&A

Q・果物は食べてもいいですか？

A・どうしても食べたいならキウイかパイナップルを

世間で健康的、といわれているもので、特に私が摂らなくていいと思っている食材の代表が、果物。果物に含まれる果糖を摂るメリットがひとつもないからです。「筋トレ前の糖質摂取目的だったらいいのでは？」と思うかもしれませんが、果糖は特殊な糖質で、筋トレのパフォーマンスを上げてくれません。体脂肪になりやすい代謝経路に回ってしまうので、ボディメイクには不向き。

唯一果物を食べる利点があるとすればビタミンやミネラルが摂取できることですが、健康や美容に好影響を与えてくれる量を摂ろうとすると、果糖の量もハンパではなくなってしまいます。

私がもし食べるのであれば、たんぱく質を分解する酵素を含むキウイやパイナップルを選びます。

果物はお菓子と同じ嗜好品。ボディメイクには向いていませんが、好きで食べたい場合はその分筋トレをしたりほかの食事で調整してみてくださいね。

ちなみに私も、から揚げが大好きなので週に1度は食べます。そのかわり、食べたあとの筋トレはめちゃめちゃ頑張ります。そんな感じで、嗜好品とうまく折り合いをつけてみてくださいね。

食べ物にまつわるQ＆A

Q・どうしてもパンが食べたいです

A・たんぱく質の多いパンか、脂質の低いパンを選びましょう

パンは基本的にたんぱく質が少ないのに、脂質や糖質が多いため、ボディメイクに不向きです。ですが、たんぱく質が多かったり脂質の低いパンもあります。たんぱく質や食物繊維の摂取を目的とする場合は、ブランパンが候補に挙がります。そして運動前の糖質なら、あんぱんやフランスパン、ベーグルなど脂質が少ないものならOK。米粉でつくった蒸しパンも脂質は少ないですよ。

せっかく摂るなら、少しでも栄養価の高いパンを選びましょう。

Q・ダイエット中は鶏むね肉を食べればいい？

A・ヘルシーだけど脂質不足に注意！

鶏むね肉は100グラムあたりのたんぱく質量が約23グラムと、もっともカンタンにたんぱく質が摂取できる食材です。しかも低カロリーで値段も安いので、ダイエットに向いています。鶏の皮はカロリーが高すぎるのでボディメイクにおいては出番がありません。スーパーでは鶏むね肉のひき肉も売っていますが、これは皮も含まれている場合があるので注意してくださいね。

ささみのほうが若干カロリーが低いのですが、たいした差ではありません。鶏肉のなかで安価で料理に使いやすいためむね肉をおすすめしていますが、ささみやもも肉の食感が好きな方はそちらを選んでもいいですよ。

ただし、鶏むね肉だけを食べていると脂質が不足するので、やはりサバや卵で良質な脂質を摂ってくださいね。

食べ物にまつわるQ&A

Q・母がお茶碗いっぱいにごはんを盛り付けてくるのでダイエットができません

A・周りの環境を自分で整えていくことが大事！

お母さんにお願いして、ごはんの量を減らしてもらいましょう（笑）。単に食事の量を減らすとお母さんが心配してしまうのであれば、「今日は寝るだけだからあまり食べないけど、明日は筋トレするからいっぱいごはん食べるね」「ごはんは半分でいいからその分おかずをいっぱい食べるね」と言うのはどうでしょうか。

家族を巻き込むなど、周りの環境を整えることもダイエットでは大切です。外食などで揚げ物をすすめられたら、「お医者さんやトレーナーさんにダメと言われている」とすすめてきた方が躊躇するような言い方もオススメですよ。

Q・朝食を食べる時間がないのですが、抜いてもOK？

A・どうしても時間がないなら最低でもプロテインを

せめて、プロテインは飲みましょう。もし、21時に夕食を摂り翌日12時のランチまで何も食べないとなると、食間が15時間ものすごく空いてしまいます。栄養摂取のタイミングが空きすぎると筋肉が落ちてしまうので、朝食を抜く方はプロテインを飲みましょう。

ただ、やはり朝食は食事でしっかり摂ってほしいと思います。日中活動するので、糖質摂取のタイミングとしてもベストです。また、朝の起床後はどのような条件下でもストレスホルモンのコルチゾールが分泌されやすいのですが、糖質を摂れば分泌レベルが下がります。朝食を摂ることは、若々しくなるためにかなり有効ですよ。

Q・筋トレをしない日に糖質を摂る場合、どのタイミングがオススメですか？

A・朝>昼>夜です！

先ほども触れましたが、朝が1番オススメです。逆に夜は寝るだけなのであまり意味がありませんし、次の日にむくんだ感じになりやすいので毎日お目々パッチリでいたいなら、糖質の摂りすぎには注意してくださいね。

ただし、夜の糖質摂取量が少ないとインスリンがあまり分泌されずセロトニンレベルに影響を与えることがあるので、寝付きが悪い方は糖質を20グラム程度摂ったほうがいい場合もあります。

食べ物にまつわるQ&A

Q・食事を見直したら体重が5キロ減ったのですが、そこから落ちません

A・筋トレをしましょう

食事だけで体を変えるには限界があります。若い方やもともと太りにくい体質の方は食事だけの減量で体脂肪率が10％台になる可能性もありますが、私の指導経験

上だと、多くの女性は体脂肪率22%くらいになるのが限界。それ以上を目指す場合は、筋トレをするしかありません。

逆に、食事だけで体脂肪を落とすよりも、筋トレを加えたほうがはるかに楽に体脂肪を落とすことができます。

ちなみに、食事だけの減量の場合は糖質制限をするのが手っ取り早いのですが、糖質制限をやめ、はじめに糖質を摂ったときに食欲が一気に戻り、高確率でリバウンドしてしまうので、おすすめしません。

食べ物にまつわるQ&A

Q・糖質制限をしたら、シワや白髪が増えてしまいました

A・質の悪い脂質を摂取したことが原因かも

糖質制限をする方のなかには、「糖質さえ摂らなければいいんだ」と、チーズやバター、肉をたくさん食べ過ぎてしまう方がいます。脂質の摂取量が極端に増えると、質の悪い脂質の量も比例して多くなるので体には良くありません。

おそらく、糖質を制限したことが原因というよりも、よくない脂質を摂取しすぎたことがマイナスに働いてしまったのではないでしょうか。

ここからの対策としては、糖質を適宜摂取して筋トレを行い、サバや卵から良質な脂質を摂りましょう。すると、シワや白髪が減る可能性がありますよ。

体重管理にまつわるQ＆A

Q．体重はやはり毎日量ったほうがいいの？ 何時に量ればいいの？

A．朝起きたら量りましょう

体重と体脂肪率はできれば毎日量りましょう。量るタイミングは、朝起きてトイレに行ったあとのみでOK。それ以外のタイミングは、水分量や胃腸の滞留物の影響が大きく参考になりにくいのです。

ただし、1日単位の変化に一喜一憂しているとストレスがたまるので、気にしないこと！　1週間単位での変化を見ましょう。P100も参照してください。

部分痩せにまつわるQ&A

Q・ふくらはぎを細くしたい！

A・ふくらはぎの活躍を減らす努力を

体脂肪率が25％以上の女性はまず体脂肪を減らさないとですね。

重心がつま先にあればあるほどふくらはぎの筋肉を使いやすく、筋肉がボコッと発達してしまうので、ヒールの高い靴をはく頻度を減らしましょう。あとは、ふくらはぎが活躍しないようにお尻の筋肉、特に中臀筋を鍛えましょう。中臀筋の鍛え方はP48～53を参照してください。

脚がむくむ場合は、塩分をひかえると改善することもありますよ。

部分痩せにまつわるQ&A

Q・顔やお腹など、部分痩せはできる？

A・筋トレをすれば見た目が変わります

基本的に、特定の場所だけ脂肪を落とすということはできません。ですが、顔に関しては、体脂肪率が下がると小顔になりやすいようです。

食事のみで痩せる方は、体は細いけど顔だけ大きいように見えてしまう方もいます。お腹に関しても、食事制限だけだと手足は細いけど下腹はぽっこりしている……という方もいます。筋トレをしながら痩せれば下腹ぽっこりのリスクがかなり軽減されます。また、体脂肪が大幅に減ると、バストも脂肪なのでもれなく落ちることが多いですが、大胸筋による胸の底上げと背中の筋肉による姿勢の良さであまり落ちていないように見えます。

ダイエットにまつわるQ&A

Q・肌に張りがない年頃になってからのダイエット、たるみが気になります。

A・筋肉を増やし、急激に痩せなければたるむ可能性は下がります

加齢による皮膚のたるみはどうしようもないのですが、ダイエットによる皮膚の

たるみ感は抑えられる可能性は十分あります。
たるみというのはその部位を構成する筋肉、体脂肪、皮膚の力学的バランスが崩れることで発生するといわれています。
わかりやすく言えば、
筋肉減、体脂肪増→たるみが発生しやすい
筋肉増、体脂肪減→たるみが消滅しやすい
ということになります。
減量の際、筋肉が落ち、なおかつ体脂肪がそこそこ残るとたるみが発生しやすく、また急激な減量はこのたるみ発生の可能性を倍増させます。
このため、どんなに早く痩せたくても減量幅は1カ月3キロまで。それ以上痩せないようにすれば、たるみのリスクを軽減できますよ。

部分痩せにまつわるQ＆A

Q・筋肉をつけたくない部位に筋肉をつけてしまいました 脂肪に変えずに落とす方法はありますか？

A・筋肉は使わなければ落ちます

まず、専門家として言い切りますが、筋肉が脂肪に変わることはありませんのでご安心を。

筋肉を落としたかったら、余計な刺激を与えないこと。もし、太ももの前側の筋肉を落としたい、と思ったら、その部分をできるだけ刺激しないように筋トレをしましょう。日常生活も同様です。脚に関しては最低限体重を軽くしないと筋肉は減りません。体重が重すぎるとどんなにトレーニングや歩き方をマスターしても筋肉への刺激が強すぎて脚痩せがうまくいきません。

メンタルにまつわるQ&A

Q・意志を強く保ち続ける秘訣を教えてください

A・少しの我慢で減量できる知識をつけてください

私のジムに通う女性の場合、ウエディングなどで「どうしてもこの日までに痩せないとヤバイ！」という方の成功率や頑張り具合は群を抜いています。私のアドバイスをカンペキに守ってくださるので、今まで失敗したことがありません。

逆に、そこまで危機感のない方の体の変化はゆるやかです。たまに食べ過ぎてしまったり、旅行に行って筋トレをしなかったりするので、最短距離で痩せるというわけではありません。

何が言いたいかというと、個人のモチベーションは違うので私がどうこう意見できるわけではありません。

ダイエットを成功させるためには効率の良いやり方をしているかどうかが重要です。

・100の努力で結果が10しか出ないやり方

・100の努力で結果が100出るやり方

これ、どちらが成功しやすいでしょうか。もちろん後者ですよね。

死ぬほど努力しなくても済むように、効率的なやり方を覚えればいいのです。本書を読み込んで、少しの努力で最強の美ボディを手に入れる知恵をつけてくださいね。

Q・太りやすい体質なので、成功する気がしません……

A・太りやすいならそれなりの努力を！

太りやすいと言っても理由はさまざま。

・筋肉が少ない
・活動量が少ない
・遺伝的に太りやすい

このあたりが「太りやすい」理由でしょうか。

上記ふたつの、「筋肉が少ない」「活動量が少ない」というのは、大半の女性に当てはまります。つまり筋トレをして、いつもより少し多く歩くなどを意識すれば、たいていの女性は変わっていきます。もちろん食事の見直しも大切です。

生まれつき太りやすい女性。そういった方も実際に存在します。太りやすい女性と太りにくい女性の差がどれくらいあるかというと、同じくらいの見た目や筋肉量なのに1日の基礎代謝量が400キロカロリーほど違う場合があります。400キロカロリーはちょっとした軽食1回分に相当するので、かなり大きいですよね。

私のもとにはどこのジムに行っても痩せない、いくら食事を減らしても痩せない、他の方より動いているのに痩せないという女性が多く訪れます。
これは先天的なものなのでどうしようもなく、やはり痩せやすい方よりは努力が必要になります。だけど心配しないでくださいね。本書を読んだ時点で、あなたはほかの女性よりも美のアドバンテージが確実にあります。あとは実践するのみ！しっかり取り組めば、これまでに味わったことのない体の変化を感じられるはずですよ。

筋トレにまつわるQ&A

Q・上半身の3種目を、朝と夜に分けてもいいですか？

A・一気にやって、刺激を強めましょう

できれば、分けずに一気にやりましょう。朝と夜に分けてしまうと、上半身に対する刺激が弱まり、アンチエイジングの救世主、成長ホルモンの分泌が弱くなるからです。

しかも、筋トレ2時間前の糖質を2回も摂取しなければならないため、少し時間がかかってもまとめてやってしまったほうがカロリー調整がやりやすいです。

ただし、全身の種目を一気にやる必要はなく、上半身と下半身を別の日に行うのはOKです。筋トレのスケジュールに関しては、P76を参照してください。

筋トレをやると決めたら、しっかり糖質を摂って全力で一気にやる！ これが美ボディになる秘訣ですよ。

筋トレにまつわるQ&A

Q・効果的なトレーニングの時間帯や、避けた方がいいタイミングはありますか？

A・自分のやりやすいタイミングを見つけて取り組んで

24時間のなかで、筋トレはいつやってもそんなに効果は変わりません。好きなタイミングで行ってくださいね。ただ、私の指導経験上、以下のような傾向があるかと思います。

・朝起きてすぐに行うと、体が覚醒していないのか力が出ない女性がいる
・朝起きたばかりだと2時間前の糖質が摂りづらい
・夜にやると体が覚醒して寝られなくなる女性がいる
ただし、上記を理由に効率を考えすぎてやらないのが1番ダメですよ！

筋トレをすればその瞬間に成長ホルモンがドバドバ出て若返るので、楽しい気持ちで取り組んでくださいね。

筋トレにまつわるQ＆A

Q・筋トレ中の呼吸はどうすればいい？

A・意識しなくてOKです

ヨガやピラティスなどは、呼吸法が大切だといわれていますが、筋トレの場合は気にしなくてOKです。

1番力が出るのは息を止めているときなのですが、ずっと息を止めたままトレーニングをしていたら酸欠になりますよね（笑）

息を吸うのと吐くのでは吐くほうが力が出るのですが、筋トレ中に力を入れたいときは自然とそのような呼吸になっているので、あえて意識する必要はありません。

筋トレで最も意識してほしいのは、キレイなフォームをとることなので、呼吸まで意識を回さなくてもOKですよ。

むしろ呼吸に意識を回すとフォームが崩れる女性も少なくありません。

筋トレにまつわるQ&A

Q・生理中でも大丈夫？

A・生理中もダイエットOK！

生理中はダイエットをお休みしてしまう方がいますが、私のジムのお客様のなかで生理中だからといって、筋トレのパフォーマンスが下がる方はいません。むしろ、生理開始2日目に最も筋力が上がるという研究報告もあるくらいなので、辛くなければ生理中に筋トレをしてもまったく問題ありません。

おわりに
―僕が女性専門のダイエット指導者になったわけ―

最後に僕のお話を少しだけさせてください。

僕は20代前半の頃、立ち仕事の販売員をしていたのですが、その際に足底腱膜炎という病気になりました。すぐに病院に行ったのですが、あまり知識のないお医者様に当たってしまい、湿布を貼っておけば治ると言われ、病状が悪化し、30分ほど歩くと足裏に激痛が走るようになり、まともな生活が送れなくなりました。その後別の病院にも行ったのですが同じ様な処方をされ、一切治る気配はありませんでした。

そこからは転落人生でした。ほとんど引きこもり状態でもうこのまま普通の生活はできないだろうと思っていたのですが、諦めきれずにもう一度だけと思って行った病院で僕の人生は180度変わりました。そこで出会ったお医者様が僕の病気を治してくれたのです。

この時僕は思ったのです。健康って素晴らしいな、普通に歩けるって素晴らしいなって。だから僕と同じ体験を多くの方にしてほしいと考え、人を健康にする仕事を目指そうと決めました。

そこからは死ぬほど勉強しました。筋トレ、栄養学、医学、サプリなどありとあらゆる論文を読み込みました。1日中図書館にこもりきりの日もいっぱいありました。また今から普通のことをしてもすごい指導者にはなれないと考え、わざと何回も太ったり痩せたりして、経験値を貯めていこうと思ったのです。気づけば20回以上もやっていました（笑）

そんなこんなで今に至ります。なぜ女性専門なのか？　と聞かれることがありますが、それは女性の方がダイエットの難易度が高く、間違った痩せ方で不健康になりやすいから。正しい痩せ方を広めることが最も健康な方を増やす方法だと僕は思っています。

不健康だから運動しなよ、とか、食事をちゃんとしようね、と言ってもなかなか心には響かず、モチベーションも上がりません。ですが、痩せてキレイになる、スタイルを良くして好きなブランドの服を着たい、という目的のためなら意外と皆さん頑張ってくれます。「石本さんの言うとおりにダイエットやボディメイクをしたらもちろん痩せてキレイになったし、ついでに健康もついてきた」、というのを僕は目指しています。だからこそ僕の指導の根本は〝健康的〟なのです。

本書ではそういった部分にこだわって書かせて頂きました。

継続すれば必ず体は変わります。ぜひ本書を読み込んで今よりももっともっと健康的で若々しい体を目指して下さいね！　そのお力になれればこんなに嬉しいことはありません。最後まで読んでくださってありがとうございました！

【著者略歴】
石本哲郎

都内にて女性専門パーソナルジムリメイクを数店舗、女性専門フィットネスショップLEANMAKEを運営し女性向けサプリメントもプロデュースしている。
女性のダイエットに関わる医学、栄養学、時間栄養学、サプリ、トレーニングメソッドの造詣が深く、さらに日本で唯一自身の体を使って22回わざと太って痩せてを繰り返し指導の幅を広げてきた。一般女性のダイエットボディメイク指導を最も得意とし、健康的且つキレイに女性の体を変える技術は誰にも負けない。
運動初心者にも分かりやすい4週間ダイエットプログラム筋トレ編と有酸素編のDVDが全国の一般女性に支持され現在好評発売中。

女性専門フィットネスショップLEANMAKE
URL: https://body-make.com/shop/

【スタッフ】
◆編集……藤森優香
◆モデル……新野綾子
◆写真……林洋輔／古市祐妃
◆レシピ協力……新野綾子／毛利菜穂子
◆イラスト……梅脇かおり／小林奈津美

誰でも理想の体になれる！
超実践 美ボディメイク

2017年11月22日第一刷
2018年 3月16日第五刷

著者　石本哲郎

発行人　山田有司

発行所　〒170-0005
株式会社彩図社
東京都豊島区南大塚3-24-4MTビル
TEL：03-5985-8213　FAX：03-5985-8224

印刷所　シナノ印刷株式会社

URL http://www.saiz.co.jp　https://twitter.com/saiz_sha

ISBN978-4-8013-0263-1 C0077